宁波工程学院学术出版经费资助

宁波工程学院科技（人文社会科学类）项目（242242学校科研基业）学校科研基业基金项目）——共同富裕视廓下农地经营权抵押贷款制约因素与路径选择（编号2022KQ46）资助

浙江省社会科学界联合会研究课题成果：数字信贷使用对农户贷款获取的作用逻辑——基于浙江省农户的异质性研究（编号2023NO96）

农户借贷动机、申贷行为及贷款获取结果研究

NONGHU JIEDAI DONGJI SHENDAI XINGWEI
JI DAIKUAN HUOQU JIEGUO YANJIU

王一博　著

中国农业出版社
农村读物出版社
北 京

图书在版编目（CIP）数据

农户借贷动机、申贷行为及贷款获取结果研究／王一博著．—北京：中国农业出版社，2024.6
　　ISBN 978-7-109-31989-9

　Ⅰ.①农…　Ⅱ.①王…　Ⅲ.①农村金融—研究—中国
Ⅳ.①F832.35

中国国家版本馆 CIP 数据核字（2024）第 103816 号

中国农业出版社出版

地址：北京市朝阳区麦子店街 18 号楼
邮编：100125
责任编辑：冯英华　廖　宁
版式设计：王　晨　　责任校对：吴丽婷
印刷：中农印务有限公司
版次：2024 年 6 月第 1 版
印次：2024 年 6 月北京第 1 次印刷
发行：新华书店北京发行所
开本：700mm×1000mm　1/16
印张：8.75
字数：155 千字
定价：68.00 元

版权所有·侵权必究

凡购买本社图书，如有印装质量问题，我社负责调换。

服务电话：010-59195115　010-59194918

前 言
FOREWORD

　　习近平总书记指出，发展多种形式适度规模经营，培育新型农业经营主体，是建设现代农业的前进方向和必由之路。加快培育发展新型农业经营主体是一项重大战略，对实现乡村振兴意义深远。党的十九大报告也强调要培育新型农业经营主体。一直以来，如何服务好规模化经营主体、保证其资金需求和生产可持续，是政策出台的目标，也是金融学研究的热点议题。2020 年，农业农村部印发的《新型农业经营主体和服务主体高质量发展规划（2020—2022年)》要求："鼓励各金融机构结合职能定位和业务范围，对新型农业经营主体提供资金支持。鼓励地方搭建投融资担保平台，引导和动员各类社会力量参与新型农业经营主体和服务主体培育工作。"规划的出台在金融保障层面给规模经营主体打了一针"强心剂"，但也从侧面反映出农村金融资金在配置上仍旧存在短板。

　　种粮大户作为新型农业经营主体的重要组成部分，其良性运转关系到新型农业经营主体的未来发展和粮食安全。与以往研究不同，本书将关注点落在新型农业经营主体中的一分子——种粮大户上，主要探究其贷款获取结果。根据调研可知，在农村金融竞争激烈的今天，不同种植业经营主体的贷款获取情况有所改善，该改善具有差异性。因此，本书从借款主体的异质性的角度去探究种粮大户贷款获取的问题。从种粮大户借贷动机和申贷行为出发，在探究影响种粮大户正规贷款获取障碍因子的基础上，引入其他经营主体，将农民专业合作社、家庭农场、小农户与种粮大户进行贷款获取概率的对比分析，定位种粮大户贷款获取"位置"，得到各类种植业经营主体贷款获取难易程度排序。从差异中发现"逆"精英俘获的现象，结合精英俘获、信贷担保等理论及调研实际对模型结果产生的原因进行科学化解读，进一步构建交互模型对"逆"精英俘获结果产生的原因进行剖析和印证。在以上分析的基础上，本书还进行了贷款获取缺口的分析，并且对贷款获取结果的后续影响进行评价，该评价隶属于贷后结果分析，也是现代经济学研究框架中不可缺少的一部分，包括对种粮大户贷款满意度和收入效应的分析。

本书整体的研究框架结合了心理学和社会学中"动机—行为—结果"的理论框架，对种粮大户的获贷全过程进行剖析，研究具有全局性，最终提出针对性的政策建议，助力提高涉农金融作用效果，厘清困扰金融赋能乡村振兴所面临的问题，探索契合黑龙江省等农业主产区农业高质量发展的金融支持路径，从而助力乡村振兴有序推进，加快实现农业强省目标。

本书受到宁波工程学院经管学院学科成果配套经费资助出版。

著 者

2023 年 10 月

目 录
CONTENTS

第一章

概　述

第一节　研究背景

中国是农业生产大国，解决好"三农"问题始终是党和国家工作的重中之重。"三农"的发展离不开金融支持。连续多年的中央 1 号文件聚焦"三农"，对农村金融服务作出指示，为深化农村金融改革创新、提高农村金融服务水平指明了方向。2018 年的中央 1 号文件强调，坚持农村金融改革发展的正确方向，健全适合农业农村特点的农村金融体系，推动农村金融机构回归本源，把更多金融资源配置到农村经济社会发展的重点领域和薄弱环节，更好满足乡村振兴多样化金融需求。2019 年《中共中央　国务院关于坚持农业农村优先发展做好"三农"工作的若干意见》指出，用好差别化准备金率和差异化监管等政策，切实降低"三农"信贷担保服务门槛，鼓励银行业金融机构加大对乡村振兴和脱贫攻坚中长期信贷支持力度。

在种粮大户融资方面国家也出台了相关的政策和规划，如银监办发〔2014〕42 号《关于做好 2014 年农村金融服务工作的通知》。2020 年，农业农村部编制了《新型农业经营主体和服务主体高质量发展规划（2020—2022 年）》，一系列政策的出台也为种粮大户的业务发展提供了动力。在涉农贷款研究领域，新型农业经营主体的贷款获取问题一直是学者们关注的重点。农贷资金出现问题无疑会产生多方面的影响，涉及新型农业经营主体及小农户的生产效率、福利水平等范畴。相反，如果贷款资金可以有效配置，就可以提升各类农业经营主体生产效率、增加收入、推动消费。

以黑龙江省为例，截至 2019 年，全省耕地面积 2.39 亿亩*，居全国第一位，是中国粮食安全的"压舱石"。根据黑龙江省农村金融运行报告，2016 年

---

*　亩为非法定计量单位，1 亩≈667 平方米。——编者注

黑龙江省涉农贷款余额达到 7 819.9 亿元，占各项贷款的比例为 47.7%，高于省内各项贷款平均增速 7.2 个百分点。自 2017 年以来，涉农贷款的余额均超过 8 000 亿大关。截至 2017 年末，全省涉农贷款余额达到 8 518.3 亿元，2018 年末，涉农贷款余额为 8 865.4 亿元。具体来看，2019—2021 年在正规金融支持春耕方面，省内春耕生产资金年需求量约为 1 000 亿元。以 2021 年为例，全省银行类金融机构向春耕生产投放贷款 731 亿元，比 2020 年同期资金投放量增加 245 亿元，在资金投放的层面尽量做到"靶向性"，并尽可能地实现信贷资金"加量不加价"的服务目标。在金融创新方面，2015 年出台了"互联网＋普惠金融"计划，2019 年发放贷款 45 亿元，2020 年贷款规模突破 150 亿元。多年来的农村金融改革和稳中有升的资金投入已经使得现今的农贷市场发生了变化，种植业经营主体的获贷情况有所改善，资金满足度提升，如 2017 年黑龙江农村地区存在 2.28 亿元资金缺口，而该数值在 2008 年为 36 亿元。

综上所述，在农贷市场供给竞争日益激烈的今天，农贷市场存在的资金缺口逐渐缩小，根据调研的情况可知，各类种植业经营主体的贷款获取概率提升，但是，种植业经营主体的贷款获取改善情况不同。在此背景下，从借贷主体异质性角度去研究各主体的"差异性"借贷成为一种可行的研究思路。

多年来学者们一直在努力找寻农贷获取背后的阻碍，很多研究说明，信息不对称是贷款资源配置失效的关键。与此同时，有的学者提出用资金互助的办法来促进贷款的获取；有的学者则将视角转向政策性金融，提出政策性金融可以通过间接扶持和批发贷款等方法增加农户获贷概率；还有的学者提出放松市场准入管制、整合县域金融监管、提升农业经营主体特殊性金融制度执行力以提高获贷概率。

本书以种粮大户作为研究对象，在涉农贷款竞争日益激烈的背景下，正规贷款供给量逐年提升，各类贷款模式的创新也增加了各类经营主体的获贷可能，缩小了贷款缺口。实地调查发现，不同种植业经营主体贷款获取概率存在差异性，本书从借款方异质性的角度，探讨种粮大户正规贷款的获取问题。具体来看，本书以种粮大户的贷款获取结果为研究核心，基于"动机—行为—结果"的理论框架，从种粮大户借贷动机（属于心理学研究的领域，本书仅进行概述）出发，进行贷款申请行为的剖析，再对种粮大户贷款获取结果（包括贷款获取结果评价部分贷款满意度、收入效应）进行深入探究。从营造良好的信用和担保环境提升贷款获取概率，构建完善的风险分散机制提升贷款偿付能力，推出"靶向性"的金融服务提高贷款满意度，强化借贷双方规范运营，提高收入水平等方面提出政策建议。本书基于异质性的角度，在现阶段金融机构竞争激烈的背景下，引入各类种植业经营主体与种粮大户进行贷款获取概率的比较分析，得到"逆"精英俘获结果，并且对应贷款获取结果研究的各个部分，从促进种粮大户贷款获取概率、缩小其贷款缺口、提高其满意度和收入水平等方面提出对策建议，为未来种粮大户发展和响应国家号召转为合格的家庭农场，实现适度规模经营具有一定的实践意义。

第二节 研究方式与目的

本书对涉农贷款获取研究的相关文献进行梳理，并结合经济学中信贷担保、交易成本、农户借贷行为等理论，重点对种粮大户贷款获取进行研究。

第一，本书遵循"动机—行为—结果"的逻辑架构。从种粮大户借贷动机出发，进一步对其申贷行为进行分析，根据相关理论和调研实际选择影响种粮大户贷款获取结果（贷款可得性研究部分）的障碍因子，通过数量分析得到阻碍种粮大户贷款获取的关键，基于异质性的角度，引入分类变量对种粮大户贷款获取环节进行深入研究，在金融机构竞争日益激烈的背景下和各类种植业经营主体获贷情况有所改善的前提下，对所有种植业经营主体贷款获取情况进行排序，得到种粮大户贷款获取所处的"位置"，最后结合理论和实际对结果进行深入剖析。

第二，对种粮大户的贷款获取缺口进行探索，得到影响种粮大户贷款缺口的关键，分析影响贷款获取与否和贷款获取缺口障碍因子的异同性。

第三，对种粮大户的贷款满意度和收入效应进行科学评价，为贷款跨期申请和正规金融服务供给提供参考。

通过以上探索和研究，为提高种粮大户贷款获取概率、缩小贷款获取缺口、提高种粮大户贷款满意度和收入水平提供参考。

第三节 研究意义

农业贷款获取问题一直都是农村金融研究的热点，在农村正规金融竞争日益激烈的今天，通过对文献的梳理和实际调研，构建理论框架，围绕着种粮大户贷款获取结果这一研究核心，从异质性的角度对种粮大户和其他种植业经营主体进行贷款获取概率的对比研究并进行贷款参与活动全过程的研究，突破了已有的研究范式，丰富了涉农贷款获取问题的研究，对未来种粮大户转向家庭农场经营和适度规模化运营具有现实意义。

一、理论意义

从种粮大户借贷动机出发，对种粮大户的申贷行为进行研究，并将其贷款获取结果（贷款可得性研究部分）与其他经营主体小农户、农民专业合作社和家庭农场正规贷款进行比较研究，探讨其贷款获取的过程中存在"逆"精英俘获情况，并进一步结合理论和现实讨论研究结果产生的原因，对精英俘获内涵的补充和完善具有一定的意义。

本书的研究逻辑是站在行为人参与经济行为的角度，围绕着种粮大户贷款获取结果这一核心问题进行研究。并基于信息不对称、信贷担保、信贷风险等理论，进一步对贷款获取结果进行分析，筛选影响种粮大户贷款获取与否和影响贷款缺口的关键障碍因子，最后对种粮大户贷款获取结果进行评价，研究种粮大户贷款的满意度和收入效应。研究路径完善了种粮大户贷款获取结果研究的全过程，全书的行文逻辑架构迁移心理学中"动机—行为—结果"的研究理论框架，整个研究过程符合动态化的特点，对贷款获取领域的研究进行补充。

二、实践意义

（一）提高种粮大户贷款获取的概率，完善农村金融体系建设

本书从需求方的角度对样本地区种粮大户的贷款获取结果这一核心问题进行研究，文章的研究逻辑为借贷动机—申贷行为—贷款获取结果（包括贷款获取与否的研究、贷款缺口、满意度评价、收入效益分析），最后针对研究结果部分提出对策建议，以上研究不仅能够准确把握影响种粮大户贷款获取的成因，还有助于金融机构了解种粮大户贷款参与过程，设计精准化的金融产品，为破解金融供需双方信息不对称提供参考。

（二）保证粮食生产，稳定粮食安全

种粮大户是新型农业经营主体中的一分子，对其贷款参与活动的全过程研究可以把握借款方的金融诉求，保证金融服务更好供给，进而对种粮大户未来的生产起到促进作用，保证农业生产和粮食供给。

（三）提高资金利用效率，促进种粮大户朝着适度规模经营和更好的方向发展

对种粮大户贷款满意度的研究为借款者未来贷款跨期研究做出铺垫，对

贷款收入效应的研究为种粮大户资金的良性运转以及提高农村资金使用效率提供参考。此外，保证资金获取可以为一些种粮大户转向合格、适度规模经营的家庭农场提供可能，对新型农业经营主体建设和高质量发展具有现实意义。

第四节 国内外研究综述

一、国内研究综述

本部分着重对国内农户贷款获取研究的重点文献进行总结，筛选以双核心为主的期刊文献进行归纳分析，以期为下文贷款获取研究提供理论依据。

（一）农户贷款获取的早期研究与进展

"三农"问题一直是国家关注的重点，农业发展离不开资金支持，农村金融边缘化，农贷市场效率低下，严重侵蚀农户利益，甚至会威胁粮食安全，提高贷款效率对农户生产、福利水平、消费总量、收入水平等诸多范畴有所促进。在此背景下，国内许多研究探讨了农村资金获取难题和贷款资金的获得性问题。

国内有关农户贷款获取问题的研究源于 20 世纪，最初研究方法以定性研究为主且文献数量较少，研究内容围绕亟待解决的农户融资困境，提倡金融机构加大扶持力度，满足农户的信贷需求，建立健全农村金融体系，促进农户贷款。随着研究的深入，出现了贷款可得性的概念，基于供需双方的角度与定性定量相结合的方法，讨论了影响农户贷款的障碍因子、贷后效果，并进行农户借贷需求特征的描述。鉴于此，农户贷款获取问题的研究基本逻辑要建立在科学界定相关概念的基础上，很多文章界定为对农户贷款可得性的研究，充分讨论哪些因素影响农户贷款获取，再对农户贷后效果进行评价。

然而，通过对以往的文献梳理可知，贷款获取研究也称贷款可得性研究，根据上述分析，本书对农户贷款可得性的国内代表性文献进行回顾和检视，总结现有研究不足提出未来的发展方向。具体安排：对农户贷款可得性的概念、影响农户贷款可得性的因素、农户贷后效果进行文献总结、分析、评价，对未来农户贷款获取问题的研究提出展望。

（二）农户贷款获取（贷款可得性）的"演化"与"界定"

农户贷款可得性研究的早期文献主要进行了对融资难题的讨论，关键词为"破解融资困局"，兼顾讨论制约农户贷款获取的主要因素，如不对称信息及需求方信用是导致农户融资难的关键动因，运用政府担保可以破解非对称信息瓶颈；探索农户网络组织机制中信用形成的内在机制，论证农户信用融资的可操作性。随着研究内容的丰富，一些学者关注了农户贷款渠道、意愿和行为等贷款需求特征，以揣摩需求方特有的思想行为逻辑，提出外源融资表现出较强的非正规金融融资倾向；影响农户融资意愿和实际贷款数量的主要因素有耕地面积和经济活动类型等。

贷款可得性反映了获得资金的难易程度，该概念的提出使得传统涉农贷款的研究呈现出具体性、靶向性的特点。有关研究的早期文献以中小企业等经营主体为研究对象，文章探究影响资金需求主体贷款获得的关键因素和信贷约束的衡量问题。在涉农贷款领域，强调并揭示了以贷款可得性、获得更大额度的贷款等为代表的信用激励机制在激发小额信贷有效运行中的"推手"作用。还有研究将重点聚焦在农户贷款获取的核心问题上，强调影响贷款获取与否和影响贷款满足程度的变量都有哪些，如采用模型对信用社贷款可得性的影响因素进行筛选；也有的文献在研究贷款获取与否的基础上进一步对农户的信贷约束进行评估，发现农户未被满足的信贷缺口占其贷款需求的一半以上，不同农户贷款满足程度各异，对农户贷款满足度进行定量分析可知，户主年龄、与集镇的距离、有无农村合作组织及合同和社会资本变量等均会影响农户信贷满足度。另外，有的文献结合风险理论，发现在相同利益联结条件下贷款被优秀群体俘获，精英社员比普通社员信贷满足度高。贷款可得性研究中很多内容呈现逐渐完善的规律：第一，贷款可得性是以涉农经营主体为研究对象，强调的研究重点为是否得到过贷款；第二，研究中区分了贷款渠道的正规性与非正规性；第三，参与借贷的行为过程可以划分成不同的研究阶段，除了上文中提到的重点环节贷款获取与否的研究和对贷款满足度的探讨之外，贷款活动的参与也被考虑了进来。

贷款可得性的概念按照农户等涉农经营主体参与贷款行为的阶段性，其内容逐步变迁、丰富。贷款可得性的内涵囊括贷款申请环节，贷款获取与否的环节，另外还有贷款获取的满足度。未来有关贷款可得性研究将会继续丰富发展，多层次路径演化，始于借款者对贷款的选择意愿，终于贷后效果评价。该过程符合心理学中认知行为理论，可用自我决定理论等部分理论思想进行解释，可借用理论框架"动机—行为—结果"进行归纳，该框架在社会学、经济学等研究中也曾经出现，如学者们认为认知和动机对谈判结果的影响通过问题解决等谈判行为起作用，可应用于对员工志愿行为和上市公司再融资的研究。

本书根据研究对象和内容的不同进行"理论迁移",结合经济学、心理学的多学科视角,建立涉农贷款获取研究的新范式。首先对需求方借贷动机进行探寻,其次对申贷行为进行分析,再次对贷款获取结果进行研究评价。在现阶段研究文献中,明确指出,贷款满意度评价反映支农绩效的科学性并单独对贷款效果进行重点分析,例如探究农户贷款获得满意度、忠诚度等;也有文献通过探究贷款的收入效应对贷款获取结果进行评价。综上所述,今后贷款获取研究的文献可以对以上研究内容进行整合,结合结果的定义对贷款获取的最终环节满意度和收入效应进行评价,完善贷款获取结果的研究,未来研究趋势如图 1-1 所示。

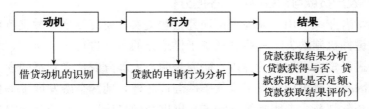

图 1-1　未来贷款可得性研究的逻辑进化示意

(三)农户贷款的"意愿"与"行为"

管辉(2011)通过建立博弈模型,分别对信用体系建立与否的两种情况下农村金融机构与农户的借款行为进行分析。研究提出正规金融机构和贷款需求方的借贷行为本质上无法实现最有效率的博弈均衡,而完全信息动态博弈可以克服以上缺点,使得金融机构与农户双方的借贷行为实现纳什均衡。邵传林(2012)对农户借贷选择的意愿进行研究,发现越贫困的农户越偏好非正规金融借贷。一些研究者对正规和非正规金融的借贷问题进行了讨论,赵建梅等(2013)应用了交易成本理论进行研究,得到促进农户选择非正规金融的动因是供给型和需求型信贷约束;殷浩栋等(2017)研究了农户非正规金融信贷与正规金融信贷的替代效应,与赵建梅等(2013)的研究一样也运用了交易成本理论,并重新审视了非正规金融替代正规金融的机制且创新性地结合了资本禀赋的角度,运用联立方程的研究方法,研究发现农户的借贷行为是源于自身资本禀赋并对借贷成本权衡之后而做出的主观判断,显著影响农户正规贷款的因素有人力资本等,而实物资本以及收入结构对非正规金融借贷影响显著。马鹏举等(2013)研究发现,农户禀赋特征如农户户主性别、人口数、土地面积、人均收入以及户主的社会关系对产权抵押融资需求意愿呈显著正向影响。于丽红等（2014）对辽宁省的样本进行研究，发现除上述农户禀赋因素制约外，还与家庭年收入、利率、对贷款政策的了解与认识、农地经营权抵押融资需求意愿呈现显著正相关关系。邹伟等（2017）对产权抵押贷款进行研究，研究进行了一定程度的创新，对一个省份的农户，且基于农户分化的角度进行研究，发现参与抵押融资意愿与职业分化程度呈现显著正相关关系，与经济分化程度呈现显著负相关关系。

综上所述，农户对贷款的申贷行为和借贷动机（通过意愿分析反映）受到不同因素制约，也有共同的影响因素，农户信用因素、自身的禀赋、收入因素以及交易成本是研究以上问题过程中常见的因素。

（四）农户贷款可得性障碍因子的分析

有的学者兼顾信用、风险理论探究金融支农，研究发现金融支持存在信贷体系的关键性机制缺失。一些文献基于供给方的角度进行深入研究，结合金融排斥理论进行贷款可得性的分析，研究表明，大部分农户受到不同程度的金融排斥，原因是金融机构设置了贷款条件等；此外，地区金融发展水平会影响金融机构的贷款判断。李明贤等（2015）提出金融机构缺乏主动服务农户的意愿制约了金融支农。

综上所述，在供给方的角度，金融支农的主观能动性、金融机构服务体系健全程度会左右农村贷款资源的配置状况，是农户贷款能否获取的关键，同时金融机构也看重农户的资本条件，评估农户的风险状况，进而决定贷款发放与否。

对于农户来说担保抵押是影响其贷款可得性的常见因素，除此之外，农户的收入、资产总值、信用、文化程度、离最近的农村金融机构的距离、金融政策了解度等自身禀赋，以及金融素养、贷款规模、借贷经验、经营规模同样会影响贷款可得性。一些文献发现，信用、经营规模和贷款规模等因素显著影响农户生产性融资能力；另一些文献总结认为影响农户贷款可得性的变量为农户社会资本等指标变量。

鉴于此，在需求方的角度，资本层面抵押担保、收入水平、资产总值等诸多因素会影响农户的贷款可得性甚至是融资能力；在其他特征方面，农户所在的区位条件、自身特点和金融素养等也会影响农户的贷款可得性。

（五）农户贷款获取结果评价

对农户贷后结果进行评价的文献从供需双方的角度进行总结。

贷款是提高农户收入水平的推手之一，整体上人均财政支出和个人精准扶贫贷款对农村人均纯收入提高有显著作用。有研究发现，涉农贷款提高了农户的福利水平，但是，农户无论从正规还是非正规渠道获得贷款，贷款均对其收入起到促进作用，该种促进作用存在地域差异。武丽娟等（2016）提出面临相同的融资机会，农户的增收能力却各有不同，对于低收入农户，支农贷款仅被用于生活性消费支出，总收入水平下降。农户会对贷款全过程有所评价，需求方对农地抵押贷款总体表示满意，不同的经营主体对贷款获取的评价不同，普通农户的满意度与种粮大户相比较低；农户农村的产权抵押贷款缓解了资金约束、改善了生产状况且促进了收入增长；影响贷款满意度的关键是供养比、耕地面积、土地的评估价值、满足资金需要程度、缓解资金约束作用、利率、贷款期限、贷款手续繁杂度等。

综上所述，无论从贷款供需双方任何一个角度来进行贷后结果评价或者称之为效果评价，研究关键均集中在收入效应、满意度评价等研究层面，学者们强调收入、满意度等可以作为评价贷款获取结果（效果）的关键。因此，未来对贷款获取结果评价的研究要在科学界定的基础上，充分说明用何种方法和关键词来进行评价。

二、国外研究综述

国外对贷款获取的研究重点与国内研究不尽相同，国外文献更强调贷后结果评价和影响农户贷款获取的关键动因分析，本部分对相关代表性文献进行了梳理总结。

（一）农户贷后结果评价研究

类似国内的研究结论，国外的研究结论中也说明了农户借贷的一些积极作用，如帮助农户更好的消费，即起到平滑消费的作用；帮助农户发展小微企业进行合理创收；改善了金融资源的配置效率。农村金融资源配置研究起源于对资本形成的论述。纳克斯对资本形成进行研究，提出经典的"贫困恶性循环理论"得出经典的结论"一国穷是因为它穷"。纳克斯理论认为，要打破这种循环，必须大规模增加资金供给，促进资本形成。因此，各方关注的重点应当放在农村金融资源配置效率的提高上，而次重点才是在农村金融资源配置的总量如何增加上。Coetzee（2004）认为，普遍存在资金配置效率低下问题的往往是发展中国家，因此必须规范发展中国家的政府行为，建立健全一套合理的激励机制。Pitt等（1998）发现借贷可以有效地缓解农户贫困。也有学者的观点与上文描述有所出入，研究提出非正规金融在一定条件下会更加有效，非正规金融在解决信息不对称方面存在比较优势，这是因为其有效地利用了当地的私人信息，也是农村非正规借贷有时可以更加有效的关键因素。

Heidhues 发现农户借贷还可以提高食品安全。De Aghion 等（2003）认为农户的贷款辅助了农户发展小微企业，让农户的收入多了一种可能，改善了金融资源配置效率，农户的贷款还可以给农户带来直接和间接的收入，如获得额外的培训机会、增强家庭和社会关系、提高自信等。

综上所述，增加农业资金的供给对农户产生的作用多为正向的，如增加了收入，平滑了消费，使得生产生活达到良性循环。然而在发展中国家农贷资金存在低效配置的问题，因此，建立有效的激励机制，规范政府的行为就变得相对重要，可为促进农户贷后生产，提高资金配置提供助力。

（二）农户贷款可得性障碍因子的讨论

Carter 等（2003）提出正规机构提供贷款的程序相对繁杂是导致信贷约束的原因。Stiglitz（1990）认为农村借贷双方面临严重的信息不对称困境，因而，产生了高额的交易成本，导致金融机构不愿冒险放贷。金融机构借款给借款者风险很高，该风险因素是阻碍农户贷款获得的关键。农户在经营其他产业时经常缺少资金，此时，他们非常期望商业银行伸出援手，然而作为资金供给方的正规金融机构为规避风险，往往不会提供贷款。有学者用实际调研证明了前述结论，得到大多数农户家庭选择从亲朋好友处获得贷款，非正规金融渠道是满足农户资金需求的选择。

有研究通过调查印度的农户发现农户所拥有的土地价值与农户获得正规金融借贷可能存在正相关关系；农户工资性收入也与其正规借贷存在正相关关系。此外农户有过借贷的历史记录则对其获得正规贷款有所助益，对其非正规贷款无益。若农户具备消费借贷需求，那么农户可能同时获取正规和非正规借贷。Chandra 对中国和印度农村的研究得知，脱贫攻坚需要贷款资金融入；分析结果还表明，人力和物质资本形成等原因是造成农户信贷约束的关键，此外，信贷约束又作用且影响农户的农业投入、食品消费、卫生、教育等方面。Nagarajan 等（1998）认为良好的声誉是保证农户贷款获取的重要决定因素。Miller 等（2004）认为较低的投资率、资产水平、投资获益以及地域距离的分散也是造成农户贷款约束的关键。

综上所述，影响农户贷款获取的关键有贷款手续的繁杂度、交易费用、风险因子、非正规金融的干预、资产及其形成因子、消费借贷、逾期贷款、个人声誉因子、投资变量、地理因素等。

（三）影响农户借贷动机和申贷行为的关键因素总结

Duong 等（2002）发现农户正规与非正规贷款的选择与其年龄、受教育水平、生产能力、借款目的及地域性有关。其中家庭中老年人口的比例和耕地面积是促使农户申请非正规贷款的关键，而家中的畜产品价值是户主选择正规贷款的关键。Hazarika 等（2008）发现农户拥有工资收入、获得无息贷款的概率都是农户正规和非正规借贷需求的影响因子。当然，利率、借款用途会制约农户借贷动机。此外，Arndt 等（2009）提出借贷用途的靶向性的观点，认为农户投向农业生产的资金大部分是正规借贷资金，而非正规借贷资金则主要平滑了家庭消费。也有文献应用了对比研究，提出乡村居民与城市居民相比，后者更加倾向于民间借贷活动。

综上可知，利率和借贷用途也会对农户借贷动机产生影响，此外，农户借贷专款专用，可能正规借贷大部分流向了生产，非正规借贷大部分流向了生活消费。农户的资产价值对农户的申贷行为起到正向促进作用。

三、研究述评

本书基于对文献的梳理，进行如下总结和展望。

已有文献在研究方法上运用定性定量相结合的方法，采用一些特定地区的调研样本进行障碍因子的选择和解释，因选择地域不同得到的普适性结论有限。此外，研究运用的理论多为传统经济学理论，学科间的理论交叉和迁移性较弱，少有文献对贷款获得的全过程进行剖析。

国外对涉农贷款可得性的研究在内容上与国内研究类似却不尽相同。在研究贷款可得性影响因子的方面，重视对各类资产变量的识别，此外根据国情不同投资变量也常作为被考虑的资产类变量，该类变量在国内研究不多；另外，国内文献和国外文献在贷款获取结果评价方面的阐述上也有一定的区别，综合来看，国内外文献对贷款获取结果评价的研究集中在收入效应分析、满意度评价等方面，此外，收入效应分析和满意度评价一般被认为是评价贷款获取结果的有效途径。

综上所述，基于对国内外文献的梳理可以对贷款获取的研究进行几方面延伸。第一，贷款获取研究可以基于科学的框架进行分析。本书引入心理学"动机—行为—结果"的理论框架对贷款获取研究的主要内容"是否借"和"借多少"的问题进行总结，突出贷款获取研究的动态性的同时，也在理论框架的基础上突出了科学性。第二，围绕着借款者行为人的角度进行分析。以往研究多针对贷款获取与否或者贷款获得多少进行影响因素分析，没有文献基于贷款需求者（非完全理性行为人）的角度，对种粮大户等进行贷款借贷动机（心理学角度）、申贷行为的刻画，再进行贷款获取结果（包括贷款获取评价）的全过程分析。鉴于此，未来文献可以站在贷款需求者——种粮大户贷款行为人的角度，引入适合勾勒其贷款参与活动全过程的分析框架，对贷款获取问题进行研究，与以往研究相比，"动机—行为—结果"逻辑框架的建立贴合了贷款获取问题研究的实际，突出了行为人的思想和行为特征，体现了经济活动的全貌，重点对贷款获取结果进行分析，强调逻辑关系并突出了主次。在内容安排上具体可以进行异质性分析，选择某类种植业经营主体作为主要研究对象，研究其借贷动机，到申贷行为，引入其他经营主体进行贷款获取结果的分析（贷款可得性研究部分、贷款缺口），最后对贷款获取结果进行评价以反映贷款结果的后续影响。选择满意度、收入效应进行评价，既延续前序研究成果"贷后结果评价"的重点部分，又突出了贷款需求方的客观评价，为未来贷款跨期研究做出了铺垫，为同期贷款获取的研究结果画上句号。第三，在贷款可得性的研究方法层面，已有研究应用了中介效应分析等方法对贷款获取进行更加细化的探讨，在未来的研究中，可继续对贷款可得性的研究方法进行深入的讨论和方法的创新，或者引入预测模型进行问题分析。第四，在研究对象选择上，也可引入拓展和比较，可进行多地区样本的异质性比较分析。

第五节　研究内容、方法和技术路线

一、研究内容

Crant 在采访了一些知名的成功者之后明确指出，主动行为是一种积极的、以改变为导向的工作行为，控制事情的发生，而不是任由事情发生。种粮大户的贷款参与行为就是一种主动的行为。本书以种粮大户为研究对象，以行为人参与经济活动的特征为文章的逻辑架构，种粮大户作为经济行为的参与方，具备行为人的基本特征，贷款活动的参与符合行为人的决策特点，因此构建符合行为人参与贷款活动的"动机—行为—结果"理论框架，进行全文内容的架构和安排十分合理。本书基于异质性的角度进行研究，围绕种粮大户贷款获取结果主要从以下四部分展开。

第一部分包括第一章概述，对研究背景、研究方式与目的、研究意义、国内外研究综述、研究内容方法和技术路线、创新点进行概述；第二章相关概念及理论基础对本书重要的概念进行界定，对理论基础进行介绍；第三章"借贷动机—申贷行为—贷款获取结果"形成机制与理论分析框架，对全书的研究进行形成机制的分析和理论框架的解释，奠定全文的研究基础。

第二部分包括第四章种粮大户借贷动机、申贷行为与贷款获取结果情况概述，对调研地区、调研主体、政策支持情况进行概述。从现实层面对种粮大户的借贷动机、申贷行为、贷款获取结果进行描述性分析，为引出核心数量分析做出铺垫。

第三部分包括第五章种粮大户借贷动机与申贷行为分析、第六章种粮大户贷款获取结果分析、第七章种粮大户贷款获取结果评价，承接上文为文章的核心部分，基于信息不对称、交易成本、信贷风险和信贷担保、精英俘获、信用等相关理论，按照"动机—行为—结果"的逻辑框架，对种粮大户借贷动机（心理学内容非重点简略分析）、申贷行为、贷款获取结果（包括贷款获取结果的评价）进行分析，综合利用二元 Logistic 模型、交互模型、Tobit 模型、结构方程模型、多元线性回归等方法对种粮大户的贷款获取问题进行全面研究，并得到各部分的结论。

第四部分包括第八章政策建议、第九章结论与展望，从提升贷款获取概率、提升贷款偿付能力、提高贷款满意度、提高收入水平几个维度提出政策建议，总结全文并提出研究展望。

二、研究方法

（一）调查分析法

对种粮大户贷款获取进行研究，要进行问卷设计，采用与调研对象访问座谈的方式获取有关金融资料。第一，调查地点和对象的选取。选择黑龙江省种植业集中的"两大平原"地区，即松嫩平原区和三江平原区，选择主要大田粮食种植作物水稻、玉米、大豆的种粮大户和其他种植业经营主体为调查对象。对预调研数据进行汇总整理，界定种粮大户的种植规模为 100～300 亩的规模农户。第二，调研方式概述。本调研采用网络调查、实地调研以及与有关各方人员（种植业经营主体、金融机构领导信贷员等、农经站人员）座谈的方式进行。第三，问卷数量的预设定。本书预计每个县得到的有效问卷数量为 30 份，共可以得到种粮大户的 540 份问卷，此外，对调研地区的种植业专业合作社和家庭农场以及小农户进行同类型调研以完成统计和计量的对比研究。

（二）计量分析法

本书采用二元 Logistic 模型对种粮大户的申贷影响因素和贷款获取障碍因子进行筛选；采用多元线性回归模型对种粮大户收入效应进行分析；采用交互模型对影响种粮大户贷款获取的关键分类变量进行分析，可以拓展回归模型中变量的解释效果，此外本书添加了显著分类变量的交互分析；Tobit 模型也被称为受限因变量模型，本书用该模型对贷款获取缺口进行计量分析。

结构方程模型是基于变量的协方差矩阵分析变量之间关系的一种统计方法，是多元数据分析的重要工具，是对种粮大户贷款满意度研究的有效方法。利用 Amos 21.0 软件对结构方程模型假设进行路径检验，验证各假设变量对种植业大户贷款满意度的影响。

（三）文献研究法

本书通过中国知网、万方数据、万得信息网、谷歌学术等文献数据库，对相关文献和资料进行收集和整理。具体而言，对种粮大户及其他种植业经营主体贷款获取研究的汇总分析，以及对金融扶持等相关文献的收集和整理，为本书的写作构思和逻辑架构提供了参考。

三、技术路线

为了更清晰地展示本书的研究目标、内容和思路，将技术路线进行设计，如图 1-2 所示。

第六节　创　新　点

本书的研究有如下的几点创新。

第一，本书基于心理学"动机—行为—结果"分析框架构建了种粮大户正规贷款获取问题的研究架构。该框架的形成符合以往对贷款获取研究的逻辑演替，也符合行为人参与经济活动的实际。种粮大户自身产生借贷动机（属于心理学领域，本书仅进行概述），形成申贷行为，再过渡到研究重点贷款获取结果（包括贷款获取结果评价）的最终分析。

第二，对精英俘获内涵进行了补充。本书对异质性角度的种粮大户贷款获取问题进行研究，发现了相互保险使得种粮大户贷款获取出现"逆"精英俘获的结果，结合理论、实际和交互模型对该部分获得的研究结果进行具体分析和解释，并对精英俘获内涵进行补充。

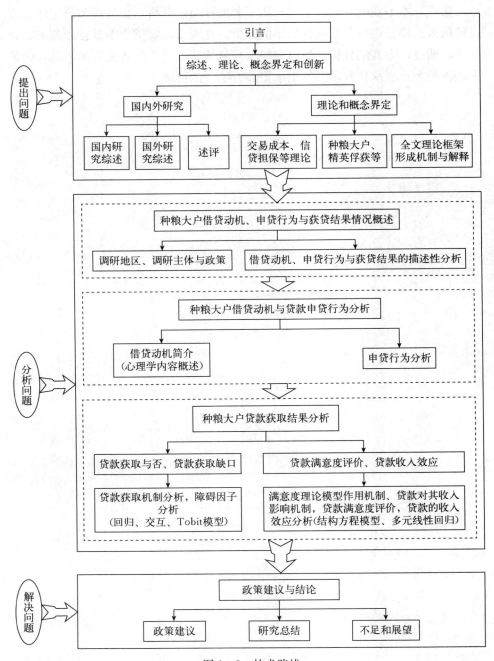

图 1-2 技术路线

第三，本书在研究方法上，运用了异质性对比分析、交互模型分析法、改进结构方程模型进行贷款获取结果的评价。在现阶段农贷竞争日益激烈的大背景下，通过以上方法分析，使得种粮大户贷款获取结果的研究更加丰富，为未来的种粮大户贷款获取研究提供了更多方法上的可能。

相关概念及理论基础

第一节　相关概念界定

一、种粮大户

本书将研究对象种粮大户进行如下界定（满足以下几个条件具有一定示范作用的种植户）：第一，种粮大户为承包或流转耕地（包括自家责任田、代耕代种、租赁、新开垦未发包耕地等），以一种农作物（水稻、玉米、大豆）耕种为主，作物耕种时限根据东北地理情况为一季，总面积为 100～300 亩；第二，农业经营收入占总收入的 70% 以上；第三，对承包的耕地具有独立的经营权，对农产品有独立的处置权，自负盈亏并且能够自行承担农业生产的风险；第四，种粮大户多数由普通农户演化而来，在种植过程中，主要劳动力为家庭成员，或采用雇工的形式，善于运用农业机械及科学技术对经营的作物进行科学耕种。

二、借贷动机

动机是引发人们从事某种行为的力量和念头。"动机"是心理学和社会学研究中一个常见的概念，在心理学中，动机是指引起个体（行为人）活动，维持并促使其活动朝向某一个目标进行的内部动力。在行为学理论中，动机是意愿产生的内在作用和前提，动机是影响意愿（也称行为意愿）的直接动因。本书研究的动机是种粮大户参与特定经济行为，即参与贷款活动所产生的念头，种粮大户的贷款是一项由借款方主观动机驱动的贷款参与活动。种粮大户的贷款参与活动具备明确的目的性，能否获得合适的贷款额度以满足农业生产经营是其关注的重点（也是本书的研究核心）。因此，种粮大户参与贷款活动的动机也可称为借贷动机，是贷款方（种粮大户）为了获取贷款而进行申贷的内在驱动力。

三、申贷行为

行为是指举止行动，指受思想支配而表现出来的外表活动。由计划行为理论可知，人们是有限理性的，动机正向影响意愿，人的行为则是由意愿决定的。本书的研究对象种粮大户要参与到正规借贷活动中，拥有参与贷款的动机，为了达成获贷的目标，借款人要明确申贷与否的行为，才可能接近贷款获取等后续结果。因此，本书所涉及行为的概念可以理解为种粮大户的申贷行为是为了追求获贷结果受动机层面（思想层面）支配而产生的贷款申请的外表活动，表现为贷款申请与否的举止行动。

四、贷款获取结果

结果是指事物发展的后续影响或阶段终了时的状态。本书认为种粮大户等其他种植业经营主体在参与贷款活动时的最终目的和终了状态，包括获得足额贷款去满足生产的需求，也包括种粮大户的获贷结果评价即获贷后续影响部分，研究应该包括种粮大户贷款满意度的评价（一种预期与现实的对比感知），同时也应该包括正规贷款的收入效应。因此，本书界定的贷款获取结果研究是贷款获取问题研究，是一个综合概念，包括贷款获取结果（可得性和缺口研究部分）、贷款满意度分析以及贷款收入效应。

（一）贷款获取结果（贷款可得性研究部分）

关于贷款获取结果的研究（一些文献称为贷款可得性研究、贷款获取研究、贷款获取问题研究），首先要理解正规贷款的含义，正规贷款是指银行或其他正规金融机构按一定利率以及必须归还等条件出借货币资金的一种信用活动形式。

本书贷款获取结果的研究（贷款可得性研究部分）是指对贷款主体获取农业正规贷款的研究，传统的文献强调贷款的获得与否或者获取资金的满足率（获得贷款与需要融入资金量的比例），或者基于贷款可得性分解的角度在研究贷款获取与否的同时兼顾研究贷款满足度（贷款获取缺口）。综上所述，本书贷款获取的概念对应种植业经营主体参与贷款活动的结果环节，贷款获取结果（贷款可得性研究部分）表示种粮大户等种植业经营主体的贷款获取与否，用分类变量"获取"与"未获取"表示。

（二）贷款获取结果（贷款获取缺口研究部分）

本书称贷款获取缺口或贷款缺口，是指种粮大户获得的贷款额度与实际需求贷款额度的差，在一定程度上可以反映贷款的满足程度。

贷款获取缺口研究与贷款获取研究紧密相连，贷款缺口可以衡量需求方获贷数量的多少，并影响未来借款者对贷款获取的评价。对贷款缺口的研究可溯源至20世纪30年代，英国议员Macmillan向英国国会提交了一份关于小企业的调查文件，文件中指出小企业对贷款和外源性资本的需求大于市场能够提供的贷款和资本的数量，其中包括资本性缺口和债务性缺口。随着研究逐渐深入，一些文献用贷款的满足程度，即农户申请贷款与获得贷款的数量比较来表示贷款的缺口，用种粮大户实际借贷金额与期望借贷金额之比来衡量种粮大户的借贷需求满足率，有的研究在进行数量分析时采用分级的方法对因变量进行赋值，满足程度存在四种可能，分别是完全不能满足、能够部分满足、大部分能够满足和能够完全满足。还有的文献基于贷款可得性分解的角度进行研究，将贷款可得性分解为有效借贷需求和贷款需求缺口两部分，将农户期望贷款额度与实际贷款额度的差值定义为贷款获取缺口。

综上所述，本书采用数量差值的方式定义种植业大户的贷款获取缺口，表示为需求贷款额度与实际获得贷款额度的差值。

（三）贷款满意度

本书对种粮大户正规贷款满意度的界定借鉴了顾客满意度理论。贷款满意度是种粮大户对进行贷款之后获得的使用价值及效益，以及完成此次贷款活动后所付出的成本和努力对比后得出的一种主观判断；或者通过正规金融机构获得所贷款项后，根据自身的体验，所形成的对金融机构和其贷款本身的评价，可用李克特量表表示为非常不满意、不满意、一般、满意、非常满意5个等级。

本书满意度的界定参考管理学中顾客满意度的相关概念，顾客满意度（CS）具体指一种客户的"愉悦感"，即需求被满足后的感受，它表示产品经过消费后可被感知的效果与预期期望值所产生的对比效果，是一个相对概念。为了企业发展和提高竞争力，许多国家的企业陆续引入了顾客满意度指数来对企业的工作进行测评。"顾客满意度"一词的研究起源于心理学，该概念具有一定的个体差异性，顾客满意度不会一成不变，随着主体情况改变、外部环境影响，该概念也发生着不断变化，同时顾客满意度也反映了人们全面认知服务后的综合评价。Cardozo在1964年提出了早期的"顾客满意"的概念，他认为顾客满意的直接后果是提高客户的忠诚度，顾客会重复购买或者增加对该企业其他商品的购买。由此起点拉开了"满意度"的研究序幕，此后不同的学者对"顾客满意"和"顾客满意度"进行了更全面、更广泛的定义。Farley 等（1970）认为满意度的概念可概括为，顾客经历了购买之后，对自己付出的成本与所得收益相匹配的一种认知状态，表示一种"程度"，体现的是顾客的成本收益观，难以凭借简单的"满意"和"不满意"来衡量；Oliver 等（1981）认为消费者在对某种商品的一次性购买行为或者多次购买行为之后，会对每一件产品都有一个内心"理想化"的标准，消费者在购买之后会马上进行购买标准的对比，以评价买卖的情况。有些情况下，消费者对很多从未接触过的新鲜商品实际上是没有任何预期和想法的，因此，消费者实际上不是完全理性的，研究将顾客满意归结为一种感觉，这种感觉受到实际效果的影响，可以通过顾客的忠诚度或者是评价反映。

在现有的研究中，将顾客的满意度进行迁移，拓展到金融学领域，提出金融支持满意度主要包括商业金融支持满意度和农村金融支持满意度两个方面。李桂琴等（2008）对商业金融支持满意度的研究从金融机构和客户两个方面出发，其中，金融机构提供的金融服务是衡量客户满意度的首要因素，客户对金融服务过程的感知程度是衡量客户满意度的另一重要因素。

综上所述，本书基于以上研究对贷款满意度进行界定，满意度是具备对比性质的概念，本书主要进行种粮大户贷款满意度的评价。

（四）贷款收入效应

种粮大户的家庭收入主要为生产性收入，即农业生产经营收入。在调研中发现，种粮大户的生产性资金额度高，且自有资金不足，因此，很多种粮大户向正规金融机构申请贷款。一般来说，贷款的收入效应为贷款是否可以有效缓解信贷约束，或者说正规信贷对收入影响的情况如何，该种影响可能是正向的，也可能是负向的，甚至可能无任何影响。本书基于以上研究并结合种粮大户自身特点，定义贷款的收入效应为种粮大户正规信贷对其收入（主要为生产性质的收入）的影响情况。

武丽娟等（2016）提出面临相同的融资机会，农户的增收能力却各有不同，支农贷款通过增加其经营性收入而使总收入增加。对于中等收入农户，支农贷款虽然增加了其农林牧渔业收入，但是更大程度减少了经营性收入，总收入表现为下降；对于低收入农户，支农贷款仅被用于生活性消费支出，总收入水平下降。张欣等（2017）对农户农地经营权抵押贷款收入效应进行实证检验，发现贷款对农户的收入效应明显，借款方参与农地抵押贷款会使其总收入和农业收入显著增加；农地抵押贷款对农户总收入的提高效果大于农业收入，但差距不大。张珩等（2018）基于农地经营权抵押贷款试点地区的农户调查数据，利用固定效应模型，探讨了农地经营权抵押贷款对农户收入增长的影响效果。师荣蓉等（2013）对西部多省（直辖市、自治区）数据的实证检验结果表明，金融发展对贫困减缓呈现出明显的门槛效应，对应于人均收入的低水平、中等水平和高水平三个阶段，金融发展对收入增加的影响相应呈现出负向影响、正向影响和无影响三个阶段性特征。李志阳等（2019）发现信贷供给对农户收入正向影响程度小于信贷约束对农户收入的负向影响程度，说明随着信贷约束程度的不断缓解，其对农户收入增长的效用将逐步减弱。信贷对贷款的收入效应的影响不定，存在正向、负向甚至动态性的作用，因此，本书将种粮大户的收入效应定义为一种影响情况。

五、精英与精英俘获

（一）精英

本书认为精英是有能力、有优势影响和干预正规贷款资源发放的，且可在贷款发放过程中优先捕获有利信息留作己用的群体，在农村种植业生产领域一般指拥有一定规模种植面积、较高年收入的经营主体（种粮大户、农民专业合作社和家庭农场）。

在17世纪的法国，"精英"被定义为精选出的少数杰出人物。马克思阶级理论在社会分层的理论中也涉及精英的内容，经济地位是分层的唯一标准，占有大量生产资料的人们有了经济地位成为资产阶级。韦伯与马克思的想法互为补充，他提出经济地位的不唯一性，认为社会分层有三个基本的维度，是财富和收入反映经济地位，权利反映政治地位，声望代表社会地位。帕累托认为，每个人的个人能力、素质高低存在差异，社会具备一定的异质性，因而，社会始终会存在资源分配的不均等性，始终有着被统治的人和统治者的对立，后者就是精英。若将精英进行更具体的划分，广义的精英是在自己的领域内拥有高分的人群形成的一个阶层，更进一步地，根据是否掌握政治权力将广义的精英分为执政精英（也称统治精英）和非执政精英，这小部分统治精英就是狭义上的精英。在市场改革中，最主要的得利者大多应为政治精英，以上群体利用手中的政治资本和社会资本沉浸在自身角色中以谋求更大的利益。一些文献也对农村精英进行了研究，具体来说，精英阶级会利用他们的信息优势俘获他们所偏好的各类项目，以达到自身的效用最大化。"双轨政治"思想中对于"乡政村治"的实践，认为精英扮演了上级政府"代理人"和农村普通居民中的"当家人"的"双重复合角色"。温涛等（2015、2016）以农村地区为研究对象，做出了研究的假设，提出农村的精英主要指"经济精英"，即家庭总收入较高的群体。

综上所述，本书的精英强调"收入"这个经济学名词，种粮大户会以其规模优势和收入优势跻身于农村精英之中。

（二）精英俘获

本书的精英俘获是指种植业经营主体（精英）运用自身的优势去对农贷市场的利益进行追逐，进而占有更多的优质资源。

精英俘获的概念在经济学研究中比较常见，在政治学、社会学等学科领域也存在相关研究，可以追溯到早期文献中提出的利益集团俘获范式。精英俘获的定义会将精英俘获概括成一种现象，原本应该为多数人转移的资源却被少数人占用，这类少数群体往往是政治或者经济中强势的一方。国内有关精英俘获的研究提出在新农村建设中，资源分配不均衡，精英农户获得的收益良多，而小农户却存在被资源"摒弃"的边缘化现象。精英俘获现象有两个层面：一是精英控制了民间组织并影响民间组织发展的现象；二是外生型资源对精英进行控制，进而影响民间组织运行的现象。随着大量农贷资源的反哺，精英优先现象使得公共利益被侵占。鉴于此，收入较高的精英农户获得了大量农贷资金，精英俘获也是造成扶贫资金偏离的主要动因。

综上所述，根据以往研究，本书对精英俘获的定义也强调一种利益追逐和优质资源的占有。

第二节　理论基础

一、信贷风险及信贷担保理论

信贷风险理论源于风险管理理论，20 世纪 30 年代美国宾夕法尼亚大学的所罗门·许布纳在美国管理协会发起的一个保险问题会议上，提出了风险管理这个概念。风险管理是指运用科学合理的方法，对风险进行识别、控制、分析等，并及时处理存在的风险，目的是尽量减少项目损失并最大限度地保证项目安全。因此，全面风险管理是指对项目流程中的每一个环节进行主动管理。在信贷风险理论研究中，最常应用的是商业银行的信贷风险管理理论。

总而言之，风险管理就是运用一些科学的方法保证贷款提高收益、降低风险。由信贷风险的概念，产生了"担保"的概念，担保是为了规避信贷风险，信贷风险是担保的前提，二者相互依存、紧密联系。因此，了解信贷风险的概念并掌握评价方法，探究信贷风险的来源和危害，有利于筛选合理的担保方法，保证担保工作顺利进行。一般来说，对信贷风险的管理有四个重要的步骤，即风险识别、风险评估、风险控制和风险管理。

（一）信贷风险理论

1. 信贷风险界定

信贷表示资金的借贷行为，是以偿还为条件的资本价值运动形式，是在所有权不改变的前提下，暂时转让资金使用权。由此可知，资本的"两权分离"体现了信贷的基本特征，实际上就是使用权和所有权的分离，该种分离模式也带来了一定的风险。信贷风险是银行等金融机构面临的最主要的风险之一，是一种传统风险。所谓信贷风险也可反映金融机构的授信因贷款接受方的经营情况恶化等因素导致不能按当初约定偿还而产生的风险，至少包括两方面：第一，银行常规业务中的风险，是银行信贷风险的主要形式；第二，是指银行等金融机构进行证券投资时，证券发行人没有按合同进行履约，没有偿还本金和利息给银行造成的损失。

需要注意的是在中国，城市金融与农村金融存在着一定的发展不均衡现象，城乡信贷风险不等同。对农村信贷风险的分析除了类比城市信贷风险管控方法之外，还要关注农村信贷风险的特性，如风险的偶然性、突发性，其他风险隐患，如由于借款资金非合约用途而产生的信贷隐患等。农村金融机构的信贷资金主要流向农业，农业生产自然风险大，遇灾受损情况严重，致使贷款偿还存在困境，该风险自然而然地转嫁给金融机构。此外，农村金融机构的服务对象一般为农户或农业企业，有效和合格的担保较少，金融机构若不能审慎地观测贷款的全过程，也可能使农村金融机构面临的信贷风险大大增加。

2. 信贷风险的评价

对于信贷风险的评价，国内外的研究存在差异，国外对信贷风险的评价多以构建风险评价模型为主，国内学者对信贷风险的评价方法多以构建定性定量指标为主，下面进行简单概述：第一，Credi Rist＋模型，由瑞士信贷银行研究开发，是建构于财险精算方法基础上的违约模型，并且采用保险行业常用的统计学模型和方法来推算资产以及其组合的价值分布，从而评价资产组合的信贷风险。第二，Credit Metrics模型，是摩根银行研发推出的，是以信贷评级为基础，以理论、资产组合等作为依据的模型，该模型可分解为四个板块，分别为资产的信贷风险价值、资产组合信贷风险度量、相关性度量以及风险敞口度量。第三，KMV 模型，该模型是 20 世纪 90 年代末创立的，研发主体是美国 KMV 公司，是截至目前国内外应用较为广泛的信贷风险评价模型。第四，国内学者构建了定性定量指标去衡量风险，提出信贷风险可以用呆账贷款率和呆滞贷款率两个指标来监测，并设置警戒线，呆账贷款率＝呆账贷款额/贷款总额×100％，2％为警戒线；呆滞贷款率＝呆滞贷款额/贷款总额×100％，5％为警戒线。另外，还有研究将信贷风险分为贷款质量风险以及贷款集中度风险，其中，贷款质量风险的评价囊括了逾期贷款的比例、贷款展期率、呆滞贷款的比例、呆账贷款的比例；贷款集中度风险的评价可以用五大客户贷款比重、十大客户贷款比重来进行，各个指标的取值均与风险高低呈正相关关系。

3. 农业信贷风险的危害效应

信贷风险具备分布广、来源多的特点，同时危害性也极大，农业信贷风险也是如此。农业信贷风险的负面效应重点体现在如下方面：首先，农业信贷风险会为单一农村金融机构带来损失，甚至威胁到该机构正常运营；其次，农业信贷风险抑制了农户贷款，更进一步地阻碍农户收入提升，制约农村的经济发展；再次，农业信贷风险会对包括农村金融体系在内的整个金融体系有序和高效运行平添障碍、增加阻力，一个金融机构出现问题会通过挤兑效应等延伸到其他放贷主体，若不加以控制，消极效果可能会作用于整个金融体系；最后，该风险会直接影响整个国民经济的运行。

（二）信贷担保理论

信贷担保能保障借贷关系稳定和安全。此外，有了担保一些经营主体可以提高自身的能力，过去一些难以达到金融机构要求的受众能顺利取得贷款。具体目的主要包括以下几点：第一，减少信息不对称现象，有效地阻止逆向选择和道德风险。信贷交易过程中普遍存在着信息不对称的情况，信息的非对称性导致了逆向选择、道德风险。担保机构或第三方保证人介入有利于解决非对称信息的困境，由于担保方拥有的信息更加全面，此外，还具备一些债权人没有的信息分析和控制能力，引入担保之后的融资过程就由双方信息关系转变为三方信息关系，并且出现三方信息的平衡状态。因此，为了缓解信息不对称，严控逆向选择和道德风险，信贷担保的关键就是增加对借款人的有效监督，进而促进贷款合约达成。第二，增加贷款人的违约成本，促使其按时、按额度履约。假设贷款的额度为 L，提供担保的价值为 C，r 为利率，不考虑借款方提供担保与否，只要没能足额履约在其他方面所得到的处罚相同，鉴于此，在不考虑其他惩罚措施的条件下，如果借款者没有担保，那么违约后所付出的成本就是 0，如果有担保的话，违约后付出的成本就是 C 或者为 L $(1+r)$，并且 C 或者 L $(1+r)$ 是大于 0 的，所以，担保增加了借贷方的违约成本，促进了借款方履约。第三，保障债权的顺利实现，假设在担保人介入的情况下，担保的贷款比例为 x，在没有任何担保的情况下，金融机构在借款人选择违约后可以追回的贷款额度为 a，由于没有任何的担保，因此，a 值不大。此处，分为两种情况进行分析：情况 1 在借贷方用自有资产担保的情况下，一旦违约产生，银行所能收回的贷款为 C 或者 L $(1+r)$［此时，在 $C<L$ $(1+r)$ 时为 C，在 $C \geqslant L$ $(1+r)$ 时为 C 或者 L $(1+r)$］。由于 a 值不大，一般情况下均有 $C>a$、L $(1+r)>a$、xL $(1+r)>a$，因此，担保有利于保障贷款顺利归还。第四，担保可减少交易费用，节约了借贷双方的成本。由于担保方与借款人之间是信息对称的或者可以称为信息不对称现象较弱，为此在担保人介入的同时，金融机构能够更顺利地获得借款人的各方面信息，就可以有效地降低信贷交易成本。第五，想方设法地增加信用能力，协助借款人达到资金融通的目的。涉农经营主体融资难是不争的事实，而其信用能力较低是制约贷款的重要因素，因此，农业生产者难以获得贷款。通过有效的信贷担保，能增强农户的信用能力，从而促进其顺利实现融资。

综上所述，第一，信贷风险是一种传统风险，也是金融机构所面临的最主要风险之一，一般是指借款者因经营情况恶化等因素而无法履约还款而产生的风险。第二，在我国信贷风险存在差异性，城市和乡村的信贷风险不尽相同，农村信贷风险除了具备与城市信贷风险相同的特征外，还具备偶然性、突发性等特征。在农村，如种粮大户等种植业经营主体受到自然条件影响（作物遭受自然风险）的概率较高，遭遇灾害等自然风险所产生的偿贷危机则自然而然地转嫁给了金融机构。另外，种植业经营主体的合格担保物不多，若金融机构不对贷款交易的全程进行审慎的监督，如果出现了违约可处置产品不达标情况，则面临较高的信贷风险。第三，无论是国际上还是国内，金融机构都在积极地探索和建立健全信贷风险防控体系，构建信贷风险评价模型。实际上，农贷风险仍需加强重视和处理，农贷交易活动的贷后控制一直以来都是研究的热点，也是监管的薄弱环节，未来基于信贷风险理论和信贷担保理论构建起的大数据信贷风险控制体系会更好地在节约成本的基础上，对农贷的贷后风控起积极的作用。第四，总结来看，信贷风险在涉农贷款领域的危害不容忽视，其抑制农业生产的同时也会对金融机构和金融体系造成影响，而信贷担保则给信贷风险的缓解提供了一定的帮助，信贷担保理论在涉农贷款领域应用甚广，该理论的应用依旧有可拓展的空间，传统文献大多围绕抵押物进行讨论，实际上种粮大户在贷款中广泛运用了互保等保证担保的模式，因此，在未来涉农贷款研究领域中，担保的内涵需要考虑全面，不能忽视保证与互保相关的理论与指标。

二、交易成本理论

（一）交易成本理论概述

交易成本是经济学研究中的一个重要概念，在 20 世纪 30 年代初，康芒斯提出将交易分成买卖交易、管理交易和限额交易三类，并认为交易是经济关系的本质，也是经济活动的基本形态，无数种交易形成的有机组织构成了社会。科斯（1937）是首次提出"交易费用"的学者，他在《企业的性质》中提及，交易费用是"利用价格机制或利用市场交换手段进行交易的成本"，包括发现相对价格的成本、谈判成本及签订长期契约的成本、其他不利成本以及在组织企业内部所产生的各项成本。以科斯为代表的制度经济学学者认为交易费用即制度运行成本，其差异是企业取代市场的根本原因。威廉姆森（1977）在科斯的基础上，将交易费用分为事前的交易费用和事后的交易费用。从长期契约的视角出发，进一步完善交易成本的概念，研究指出交易成本应划分为三个维度，具体包括提供商品和服务时资产的专用性、交易发生频率、交易遭受影响的不确定性。这三个维度被认为是交易费用的三个性质，或者说是影响交易的主要因素。研究还提出，对行为人的假定主要是指人的有限理性和机会主义倾向。前者是每个人因其知识、技能等造成的局限性，导致每个人的决策都呈现有限理性的特点。由于该种理性的"桎梏"，单个个体行为人没办法准确、及时地对复杂的问题或者突发的事件做出预判和周详的反应。另外，由于人们都具有这一局限性，因而也不可能存在用准确而低价的服务帮助交易者解决纠纷的万能第三方。因此，在信息不对称的前提下，交易者会隐瞒对自己不利的信息，使资金供求双方之间产生消极行为，如背信弃义、逃避责任、合同欺诈、逃避法律制裁等。研究中还提及交易成本可以划分为事前交易成本和事后交易成本两种类型，前者是指事先为了明确交易双方的权利、义务而花费的成本和代价，后者是交易发生后产生的事后费用。交易成本具备直接和间接的特点，直接成本是获取契约信息的成本、传达规定给相关各方的成本和谈判并达成合约的成本；间接成本是指监督和实施契约条件的费用以及不履行契约所带来的损失。此外，交易费用还具有内生性和外生性的特点，外生交易费用是指在交易过程中显而易见的，可以称为客观存在的费用，内生交易费用则包括机会主义还有道德风险等。交易成本也有更加广义的概念，囊括了企业等组织成本，以及市场、法律和制度成本，该概念将发生在超过两人以上的经济安排统称为制度，交易成本反映以上制度所带来的成本。

（二）交易成本理论的分类

对交易成本理论的分类源于对交易成本内涵和外延的理解。很多学者都是基于交易过程进行交易费用的分类。科斯认为，交易费用包括交易准备时期发现价格的费用、交易进行时的谈判和签约费用以及督促合约严格执行的费用。阿罗提出交易费用等同于"经济系统运行费用"。德姆塞茨认为交易成本就是交换所有权付出的金额。诺思认为契约成本等价于交易费用。张五常认为交易费用与制度费用存在"同一性"，即交易费用可用一切制度费用加和来得到，不包括直接发生在物质生产过程中的费用，包括信息、谈判、实施和界定产权的费用，监督管理费用以及改变制度安排的费用。此外，交易费用还指交易时所花费的劳动、土地、资本和企业家才能。威廉姆森的理论被公认为对交易费用理论产生了重大影响，他将交易费用进行了阶段性划分，具体分为"事前的"和"事后的"交易费用。事前交易费用包括起草、谈判和执行费用；事后的交易费用包括错误应变费用、争吵费用、约束费用、运转费用等合约签约之后发生的成本。交易费用机会成本说，认为当寻找信息存在成本时，与交易有关的各种行动就会导致交易费用产生。从以上经典理论观点的总结不难看出，用交易的过程来划分交易费用是可行的。不同的交易主体和不同的交易环境所产生的交易费用也不能等同。威廉姆森与林毅夫的交易成本分类理论也可迁移到农业贷款的研究中。从农户借贷的情况来看，信息不对称发生在信贷过程中会出现很多问题，逆向选择和道德风险层出不穷，不良贷款会增加，交易双方会择优行动，将自身的信息优势最大化，比如在交易中采用隐瞒的方式，隐藏对自身的不利信息，或有意识地不去共享关键交易信息。在实际生活中，交易双方的情况是，掌握高信息量的一方可以通过向信息匮乏的一方传递可靠信息而在交易中获得利益。在这种情况下，贷款的市场中就会出现消极问题，即"道德问题"和"逆向选择"，从而阻碍了信贷市场的正常发展。

综上所述，第一，交易成本分为事前交易成本和事后交易成本，且交易成本是一种机会成本，交易成本的产生具备一定的必然性。第二，交易成本是经济主体之间由于知识和信息不对称在利益冲突和调和过程中形成的，是在利益冲突和调和中减损的资源，因而，交易成本实际上是无法避免的。第三，交易成本有多种分类，在涉农贷款领域，站在需求方的角度来看，交易成本往往指的是借贷过程中发生的信息搜集成本、议价和决策成本、交通成本以及时间成本、利率成本等。第四，在实际的农贷交易中，种植业经营主体，如种粮大户等会权衡银行借款利率、交通费用、手续费用等交易成本，进而进行申贷抉择，交易成本较低的借款渠道会受到资金需求方的青睐。

三、农户借贷行为理论

(一) 农户的经济行为

对农户经济行为的初探，主要出现了两大学派：学派一，是以美国经济学家西奥多·威廉·舒尔茨为代表的"理性小农"学派；学派二，则是以苏联经济学家蔡亚诺夫为代表的"道义小农"学派。

理性学派早期代表性人物舒尔茨在其代表作《传统农业的改造》中提出：农户等同于企业，如果按照该假设来说，那么户主也可被称为企业家；若使得激励农户的利润动机、农户的创新行为以及创造外部市场的条件三者达到一定的满足，那么农户对利润的追求就比较明显。农户在某种情况下呈现出资本主义企业的特征，农户具备了完全理性的行为且对市场信息可以作出迅速而正确的反应，努力实现追逐利润最大化的目的。说明农户的理性会促使其完全遵循经济学最优选择原则，基于市场信号快速反应，进而用最小的成本获得最大的投资利润。

蔡亚诺夫提出的观点与前人相悖，他认为小农并非理性的，他的理论主张劳动消费均衡并且强调农户经济组织虽然有着与家庭农场相同的性质，但是农户的经济行为绝非单纯呈现资本主义态势。农业生产具备高度自给自足的特性，因而，农产品也没有必要追求市场利润的最大化，农户的生产往往是为了满足家庭消费需求最大化，以期达到家庭效用的最大化。《农民经济组织》中提出：小农农场形式是家庭化和劳动化的，农民具有雇工和决策者的双重属性，生产产品不是为了追求利润而是为了满足自身消费，成本核算不完全科学化且较为困难，小农作出最佳决策不是出于对成本收益的权衡，而是取决于自给自足和劳作辛苦程度的感知等。

黄宗智（2000）提出了著名的拐杖逻辑。著作中提及的"半无产化"即农村富余的劳动力转移存在障碍，暂时选择离开小农家庭的富余劳动力凭借着对小农经济的坚定与执着导致不能被雇佣。该理论认为土地不仅仅是农户赖以生存的基础，更重要的是反映了农户复杂的思想寄托。当非农收入作为"拐杖"拉升了农民收入，提高了资金的流动性时，农户的借贷倾向呈下降的趋势；当农业的非农化收入减少，农户的流动资金出现紧缩的现象时，农民借贷倾向攀升，农民借贷的主要动机仍是消费性的，而不是生产性的。以上解释了农户借贷的本质，农户借贷需求的根本是填补农业生产的"资金短板"，维持家庭周转的贷款具备救助性特征，救助性借贷除依靠周围的亲友提供外，就是依靠政府扶持，因而政府构建农村金融体系的出发点应该是非营利性且带有"扶助"惠农性质的。

(二) 农户的借贷行为

借贷是与商品生产以及货币经济相联系的一个经济范畴，是信用活动的主要表现形式。农户的信用和借贷作为金融资本运作的一分子，适用于金融市场分析的一般方法，前文已对信贷市场中的交易风险理论进行阐述，本部分会对与之密切相关的信用理论进行阐述，并对本书应用的与农户借贷行为相关的心理学理论和行为金融学理论进行概述。

1. 信用理论

农户借贷行为发生的基础是完善的信用制度，在传统社会文化中，"诚信"一直被人们重视。马克思·韦伯提到"信用与金钱等价"，在西方，信用包含着理性的含义，正规金融主要凭借法律约束等来保证信用，而信用的基础"生长于"社会的规范化运行；同时，信用也被普遍认为是依靠传统文化、个体间相互信任和了解以及社会伦理来共同作用维护的。

因此，信用首先是道德范畴的概念，进而可视为一种借贷经济关系，两个经济主体形成经济关系时，一个重要的前提条件就是彼此信任，包括对行为结果会达到预期目标的信心和交易双方会有助于目标实现的信心。在现实生活中，农村社会存在两种不同的信用情境：第一种情况是由于农村劳动力的转移，过去传统的农村环境被打破，农民不讲信用的情况开始出现；另外一种情况是由于诚信传统与乡土朴实无华的文化长期共存，加之农村的市场化和商业化加强，农民在宣传和潜意识里加深了市场信用观念，可能形成新的农村信用和伦理观，促使农户朴素的信用观念发生转变，并且与市场经济下严格的签约与守信意识接轨。信用的建设对于放款方来说是异常重要的，加强信用体系建设有利于增强金融机构抵御风险的能力；相对于需求方农户来说，贷款难的问题可以迎刃而解，从而缓解资金压力，保证生产生活。

2. 行为金融学理论与心理账户理论简述

行为金融学理论是一个具备学科"交叉"性质的理论，该理论结合了心理学的一些研究，并迁移到金融学的研究中，揭示了一些无法用传统理论解释的系统性偏差和非正常现象。该理论最大的亮点就是"撼动了"有效市场假设和资产定价模型。行为金融理论中有一个重要的观点，就是阐明投资者的有限理性特征，投资者的行为极其复杂，并非可以同一而论，投资主体受到各种因素干扰，如心态、情绪等，并不能做理性、准确和完全的判断，故而否定了有效市场理论的前提和假设。

农业经营主体的借贷行为是经济行为的重要组成部分，包括农业经营主体在农村正规和非正规金融市场中对各个金融供给方的认知、选择以及参与借贷过程中各种行为活动的总称。农业经营主体的借贷行为有两种主要的划分形式，其一是按照农业经营主体的资金流动方向进行划分，可分为融入和融出资金的借贷行为；其二是按照农村金融市场正规性的角度进行划分，可分为农村正规金融市场的借贷行为和农村非正规金融市场的借贷行为。

行为金融学中的心理账户理论，反映了行为人有时会无意识地将自己的财富划分到不同的账户进行管理的方式，不同的记账方式和心理运算规则对应着不同的账户。而这种记账方式和心理运算规则不可等同于经济学和数学中的运算方式，因而，经常会发生"突发性和意外性"的情形左右行为人的决策，使其决策违背最简单的理性经济法则。对心理账户的研究是为了更好地理解人们在进行取舍时真实的心路历程。从这个角度来看，心理账户与会计账户也不尽相同，心理账户概念的提出，与传统经济学中的货币可替代性原则相悖。在现实中，一个心理账户中的货币与另一个心理账户中的货币不可完全替代。正是由于这种"唯一专属性"，心理账户才会对人们的决策产生各种不同的影响。人们在进行各个账户的心理运算之时，实际上符合享乐编辑原则，就是对各种选择的收益和损失进行评估，因此，心理的运算并非追求理性认知中的效用最大化，而是追求情感上的满意最大化，该种情感体验在人们的现实决策中起着重要作用。提到这里不得不提及损失厌恶原则在农户借贷行为中的应用，损失厌恶原则是指在价值函数曲线上（图 2-1），收益变化的斜率小于损失变化的斜率，损失曲线与盈利曲线相比较为陡峭。表示参与者在面对同样的收益与损失时，具有明显的损失规避倾向，举例说明，损失 1 单位货币带来的痛苦要大于得到 1 单位货币带来的喜悦。结合以上分析，带入农户借贷的情境中，也很容易解释为什么农户更倾向于正规金融机构的贷款，农户出于损失厌恶的心

理，会将贷款的款项放置到不同的心
理账户中去，很多农业非正规贷款都
源于亲友借贷的模式，按照心理账户
的分类原则，把来自不同渠道的贷款
投向不同的用途。来自金融机构的贷
款，如果由于各种原因导致无法按时
偿还，按照现今黑龙江省农信社等金
融机构扶持农户的措施来看，农户可
以将贷款展期，获得额外的贷款利用
期限的延长，以保全其家庭在农村的

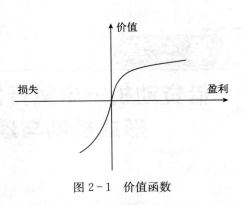

图 2-1 价值函数

生活基本不受影响。基于这种判断，农户会将一些风险性较大的生产性质的贷
款放入银行贷款的"心理账户"中去。而来自亲友的贷款，农户承担的是无限
责任，虽然有时候存在无息借贷，但本金还是必须偿还的，还钱时还要考虑人
情成本。本书研究的经营主体是种粮大户，粮食生产是他们生活的重要组成部
分，在该种理论背景下，风险较大的借贷转嫁给银行等正规金融机构是种粮大
户所希望的。与此同时，生活类贷款或者小额临时性借款，具备额度小、风险
低、临时性的特征，该类贷款由向亲友借贷这一渠道获得的概率较高。

综上所述，第一，借贷，是信用活动，属于经济范畴，种粮大户等种植业
经营主体的借贷是一种经济行为，是信用活动的主要表现形式。种粮大户的借
贷行为发生的基础是完善的信用制度，而"信用"首先归属于道德概念，还可
视为一种借贷经济关系。在农村社会环境中存在着两种相互对立的信用观，一
种可简述为"不讲信用"的观念，另一种则为市场信用加强观。第二，讨论种
粮大户借贷具体行为的前提是要理解借贷行为包括很多内容，而在探讨借贷主
体贷款的情况下，融入资金的借贷行为是主要应该考虑的内容。第三，根据行
为金融学理论的观点，本书研究的种粮大户会基于心理的基本判断进行借贷资
金的"心理账户"划分，根据风险大小这一评判标准，种粮大户会将生产性大
额度贷款放入银行等正规金融机构的"心理账户"中，进而出现生产性资金贷
款的申贷行为普遍倾向于正规金融机构的情况。

第三章

"借贷动机—申贷行为—贷款获取结果" 形成机制与理论分析框架

本章基于心理学理论框架对种粮大户借贷动机、申贷行为、贷款获取结果形成机制进行阐述，以期充分解释贷款获取的全过程，为接下来的具体研究做铺垫。

第一节 "动机—行为"的形成机制

"动机"是心理学和社会学研究中的一个常见概念，其基本内涵是指引起个体（行为人）活动，维持并促使其活动朝向某一个目标进行的内部的动力。引起行为人的动机有多方面的因素，其中内因可理解为一种需要，即人们的需求、兴趣、信念、世界观等；外因可理解为一种诱因，如目标、压力、责任和义务等。动机理论（动因理论）是关于动机的产生、机制，动机的需要、行为和目标关系的理论。动机是为了追求某种目标行为的主观意愿或意向，是人们追求某种预期的目的而产生的自觉意识，也是驱使人们从事各种活动的内部原因。在以上理论的指导下，种粮大户的决策者作为行为人，动机是其为追求贷款利益目标而选择参与借贷经济活动，并最终获得贷款结果的主观意愿描述。

行为学理论认为，动机是意愿产生的内在作用和前提，动机是影响意愿（也称行为意愿）的直接动因。参与动机可归结为两类，一类是功利动机，包括获得报酬、奖励等，另一类是享乐动机，包括鼓励他人、建立关系、进行沟通、获得认可、乐趣和利他主义等，前者强调一种经济性的收益，后者强调一种参与的享受和乐趣。而以上参与动机会增加参与者的满意度和忠诚度。黄东政等（2009）研究了旅游者意愿与旅游动机之间的关系，证明旅游动机会影响游客的旅游意愿，进而影响旅游消费行为。邵雪梅等（2021）进一步研究发现消费意愿正向影响了消费行为。由此可知，动机与意愿（行为意愿）的关系是正向直线型的，其作用机制为动机是意愿产生的前提。

随着研究深入，心理学理论的研究出现了理论创新，Icek Ajzen 等（1980）提出消费行为理论，该理论也被称为"理性行为理论"，研究个人行为态度如何有意识影响个体行为，理论基于理性人的假设，分析人们在认知信息的基础上态度形成的过程，指出人们在做出某一种行为前会综合各种信息来考虑自身的行为意义和产生的结果。因此，行为是基于人们的意愿产生的，意愿也可由行为反推。意愿是由人对行为的态度和主观规范决定的，意愿也是人们对未来做出某一特定行为的度量。行为态度是一种情绪，是人们对实行某一目标行为所抱有的正面或者负面的情绪。

对于理性行为理论来说，有一个根本的假设就是，人们是理性的，而现实生活中，人们并非绝对理性，行为会受到管理约束和外部环境的制约。因此，以上理论出现了改进，提出了著名的计划行为理论，在理性行为理论的基础上，添加了自我认知的因素，即知觉行为控制。该理论认为人们的行为不完全出于自愿，而是有一定的控制。总结来看，该理论延续理性行为理论的整体脉络，认为人们的行为由行为意愿决定，而意愿受三要素影响，分别是行为态度、主观规范以及知觉行为控制。

结合上文相关的分析，种粮大户的贷款活动也符合以上动机和参与意愿的理论逻辑，种粮大户的贷款是一项由借款方主观意向即动机驱动的贷款参与活动，符合基本的动机、行为理论的概念。种粮大户的贷款参与活动最终期待的目的明确，是能否获得合适的贷款额度以满足农业生产经营。因此，种粮大户为了贷款目标会产生申贷（参与贷款）的内在驱动力（动机），该动机可产生申贷的行为意愿。种粮大户参与贷款的关键起点是借贷动机，由动机层过渡到申贷行为层有一个主观的思维形成，该思维过渡称为意愿（行为意愿）。动机推动了申贷意愿（行为意愿）的形成，动机与意愿是思想层面的概念，是通过复杂的思维过程综合形成的（不属于经济学范畴，本书略写），带入种粮大户的申贷行为中，种粮大户参与贷款活动是通过申贷行为表现出来的，而该种申贷行为通过意愿产生，表示申贷主体实行申贷行为的一种态度，根据期望价值理论，这种态度是借款主体实行特定行为的正向或负向评价，是一种采取特定行为的行动倾向，是种粮大户在选择申贷行为时随着动机产生的是否要采取申贷行为的一种程度的表达。

由计划行为理论可知，人是有限理性的，动机与意愿之间是正向的联系，人的行为是由意愿所决定的，而行为意愿受到多因素影响，即行为态度、主观规范和知觉行为控制。一般来说，意愿是指个人采取特定的行为的主观概率，也是决定行为的一种特定的方式，意愿也充分决定了行为人是否对某一特定对象采取行动，现实中意愿也是一种思想状态，是个体为了实现目标的思想态度。

此外，在一些理论研究的文献中可以发现，目前在农业贷款的研究领域，一些文献已经对农户参与贷款意愿（反映借贷动机）进行了影响因素的分析，也有的文献在研究农贷过程中讨论了农户参与贷款的申贷行为，如探讨影响农户申贷行为的障碍因子讨论。

结合以往的研究，本书的研究对象——种粮大户首先是想参与到农贷中去，拥有参与贷款的动机，该种动机可以通过申贷意愿调查反映出来，基于意愿反映信贷需求，明确申贷与否的行为，进而接近贷款获取的后续结果。本书后续会基于动机和行为理论框架先对种粮大户借贷动机进行简述，界定有效借贷动机，进而引出种粮大户贷款申请行为的研究。尽管在经济学研究中基于以上研究逻辑的文献较少，但是，在社会科学的研究领域，基于动机和行为理论框架进行研究的文献是存在的，如曹梦奇等（2021）对游客旅游的动机和行为特征进行分析；薛朝改等（2021）也对数学建模参与的动机和行为等进行了探究。

综上所述，本书在研究框架上借鉴已有的理论，可以理解为种粮大户申贷行为是由借贷动机作用产生的。种粮大户的申贷意愿是沟通动机和申贷行为的作用的"节点"，是为了追求贷款申请目标而产生的一种主观性思维，是动机层面到行为层面的一个思想上的过渡节点（动机和意愿研究非经济学范畴的部分，本书会通过数据简单描述不会过度解读）。

第二节 "行为—结果"的形成机制

动机可以引起行为人的行动且表现为一种内在的驱动力，动机对行为产生"推力"作用，因而使得参与各类活动的主体做出参与行为，进而为达到某个最终目标而努力。种粮大户参与正规贷款活动其实质是在进行一种经济活动，种粮大户在非完全理性的条件下，首先产生了希望加入贷款活动的动机，产生了接近正规贷款的意愿，做出了贷款的申请行为，其最终目的是期望获得足额的贷款量以备生产所需。但是，贷款作为一种常见的经济活动，其运行逻辑具备跨期的特点，作为贷款的需求方，尤其是曾经获贷的一些经营主体，获得贷款之后均会对贷款获取的整个流程进行评判，不能忽略种粮大户贷款满意度和收入效应评价，该评价影响到种粮大户后续贷款的决策，同时也体现了贷款参与活动的完整性。因此，对种粮大户贷款获取问题进行全过程的研究中也应该包括贷后评价的部分。根据前文的分析，继续对种粮大户贷款获取研究的结果"环节"进行分析讨论，本书强调的"结果"分为四个重要部分：贷款获取结果中贷款可得性研究部分和贷款获取缺口研究部分，贷款满意度评价和贷款的收入效应研究。

在社会学和心理学研究中，存在运用"动机—行为—结果"的理论框架行文的文章，动机与行为的作用机制在前文中已经进行了介绍和解释，本部分仅对贷款获取行为到结果部分的作用机制进行阐述。以往基于"动机—行为—结果"框架进行研究的文献，多强调动机对事件结果的影响往往是通过行为来构建起联系与纽带。在种粮大户做出申贷行为之后，种粮大户的贷款获取结果除了对应贷款获取结果（贷款可得性研究部分）和贷款获得量（贷款获取缺口部分），也包括贷后满意度和收入效果的评价。其中贷款获取与否和贷款获取缺口表示站在贷款可得性分解的角度下，种粮大户申贷行为产生的最直接的结果，是由申贷行为直接引起的，反映参与贷款行为人的既定目标，可以衡量种粮大户获得贷款数量的满足程度。贷后满意度的评价体现种粮大户参与贷款活动后对贷款服务的整体评价，影响种粮大户贷款跨期选择。贷款收入效应体现贷款活动对种粮大户的生产作用效果，反映贷款活动参与全过程的完整性。贷款满意度与收入效应均从属于贷款获取结果，反映贷款获取的后续影响，与贷款获取结果研究部分不可分割。

第三节 "动机—行为—结果"理论框架解释

根据前文梳理的理论可以发现对贷款获取研究的逻辑随着时间推移呈现一定的演化规律，传统研究强调的贷款可得性的概念按照涉农经营主体参与贷款行为的阶段性，其内容逐步变迁、丰富。贷款获取研究包括贷款申请环节，也包括贷款获得与否的环节，另外还包括贷款获取的满足度研究。因此，在进行种粮大户贷款获取研究时，传统的研究脉络可以与跨学科的理论进行融合，发展为多层次路径演化框架，始于需求方对贷款的选择动机，终于贷后评价，该种发展趋势符合对贷款参与行为人的特征描述，符合心理学理论，可用理论框架"动机—行为—结果"来解释。

本书认为对贷款获取的研究可基于心理学"动机—行为—结果"的框架来进行，理由如下：以往对贷款可得性的研究聚焦于贷款获取与否，实际上一些文章在研究的内容安排上提及了贷款获取研究的前提是借款者"是否借"，还要对贷款获取结果中"借多少"进行分析。以往研究多针对贷款获取与否或者对贷款获取资金的满足率进行分析，基于借款者非完全理性行为人的角度，对种粮大户或者其他农业经营主体进行借贷动机、申贷行为的刻画，再重点进行贷款获取结果分析的构思则具有现实意义。鉴于此，本书认为可以站在贷款需求者种粮大户贷款行为人的角度，引入适合勾勒其贷款参与活动全过程的分析框架，对贷款获取问题进行研究，因此，本书迁移心理学理论框架，构建"动机—行为—结果"的分析架构。在内容安排上首先进行贷款动机层面的简要分析，进而研究种粮大户的贷款申请行为，对贷款获取与否、贷款获取缺口以及贷款获取结果进行评价，为贷款跨期研究做出了铺垫，与以往的研究相比，该逻辑框架的建立贴合了借款者参与贷款活动的实际，体现贷款活动全过程参与的完整性，考虑到人的思想和行为特征，扩展已有贷款可得性研究的广度，本书迁移其他学科的理论框架，贴合研究实际且增加了研究的可行性。

在实践中，"动机—行为—结果"在社会学、经济学等研究中多次出现，如 Weingart 等（1996）认为认知和动机对谈判结果的影响通过问题解决等谈判行为发挥了作用，张凤等（2007）研究了上市公司现金持有量相对于投资行为及动机作用效果，孙增辉（2017）对资本市场举牌事件进行研究，刘追等（2019）研究员工志愿行为过程的机制，均运用了该理论框架。

综上所述，种粮大户的决策者在生产过程中会由于资金匮乏而产生主观参与贷款活动的动机，推动其申贷意愿的产生，进而做出申贷行为，获得银行的信息反馈之后，得到是否取得了贷款和取得了多少信贷额度的结果，而后对贷款的获得结果有一个评价。整个贷款活动的参与过程符合"动机—行为—结果"的理论逻辑。

另外，本书会突出经济学研究的部分，重点对贷款获取结果，即贷款获取结果（贷款可得性研究部分），贷款获取缺口，贷款满意度、收入效应几大部分进行分析。贷款获取结果评价部分尤其是对贷款满意度、贷款获取收入效应的研究，归属于结果分析中贷款获取结果的后续影响，是贷款获取终了环节的自然延伸，该评价结果影响金融机构的放贷决策也直接影响借款者贷款的跨期行动，总结本书，理论框架如图3-1所示。

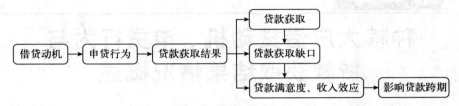

图3-1 种粮大户贷款获取的"动机—行为—结果"理论框架

第四章

种粮大户借贷动机、申贷行为与
贷款获取结果情况概述

本书使用的数据均来自 2020 年 7—8 月进行的种粮大户贷款获取研究调查，本章研究借助问卷及访谈调查法和对比法，开展对种粮大户等种植业经营主体正规贷款情况的数据描述分析。

第一节　调研地区及调研主体情况

一、调查地区

黑龙江省耕地面积居全国第一位，2018 年省内耕地面积超过 2 亿亩，为 2.39 亿亩，农业生产人口约为 1 700 万人，人均耕地面积 14.06 亩，人均耕地面积大于全国人均耕地面积，是全国人均耕地面积的 3.1 倍。同时，黑龙江省也是中国第一产粮大省，2016 年，粮食总产量超 6 000 万吨。土地规模经营面积发展到 398 万公顷。黑龙江省农业经营者主要种植玉米、水稻、大豆等粮食作物（大田种植作物），此外，黑龙江省所辖的松嫩平原和三江平原的耕地面积占全省耕地总面积的 95.97%，因此，本书主要选择松嫩平原及三江平原（非农场及农业管理局管辖地区）进行问卷调查，分别为松嫩平原区的哈尔滨市、齐齐哈尔市、大庆市、绥化市；三江平原区的佳木斯市、鸡西市、鹤岗市、七台河市、双鸭山市。采用随机抽样的方法进行调研，从以上 9 个市随机抽取 18 个县（市、区），每个县（市、区）随机抽取 1 个村对其种植业经营主体进行抽样调查，具体样本分布区域见表 4-1。

表 4-1　调研样本区域

城市名称	入选县（市、区）名称
哈尔滨市	五常市 依兰县

（续）

城市名称	入选县（市、区）名称
齐齐哈尔市	龙江县 富裕县
绥化市	庆安县 明水县
大庆市	大同区 肇州县
佳木斯市	富锦市 汤原县
鹤岗市	萝北县 绥滨县
双鸭山市	宝清县 集贤县
七台河市	勃利县 茄子河区
鸡西市	密山市 虎林市

二、调研对象

（一）种粮大户

区分种粮大户有一定的标准：首先，农户所从事的农业生产中，其全部或大部分劳动力参与生产经营活动的时间不少于 60%；其次，所得农业收入占家庭总收入的 70% 以上，或者所生产的农产品商品率达到 80%；最后，农产品交易所得的收入至少比同区域普通农户的平均收入高出 1 倍（资料来源：原中央书记处农村政策研究室和中国农村发展研究中心）。根据目前的研究，对种粮大户的界定多以生产规模为标准。2010 年，农业部调查了全国的种粮大户，当时衡量种粮大户的最低标准为种植面积不少于 30 亩，根据第三次全国农业普查主要数据公报，种粮大户属于规模经营户的一种，规模经营户的界定主要也以种植面积来衡量，规模农业经营户指具有较大农业经营规模，种植业一年一熟制地区露地种植农作物的土地达到 100 亩及以上的种植业经营主体。中国土地面积广阔，各地种植业经营主体生产情况不同，农业发展和气候土壤等自然条件不同，该标准不能作为全国规模农业经营户的统一衡量标准，20亩或者 50 亩以上均可能作为界定种粮大户经营面积的标准。在地理层面上相对于南方地区的研究而言，北方的平原分布广泛，农户普遍种植面积较大，在调研黑龙江省种粮大户时，结合实际情况，其种植面积一般在100亩以上。

根据以往的研究和黑龙江省规模经营的实际情况，为了对黑龙江省种粮大户进行界定，本书先进行了预调研，采用随机抽样的方法，抽取18个县（市、区），每个县（市、区）随机抽取1个村，每个村随机抽取15个规模农业经营农户，共计270户样本，除去无效问卷样本，可以得到224户样本种植面积的大致分布情况（有效率83.0%）。样本种植面积的平均值集中在100～300亩，另外结合与金融机构的座谈可知，黑龙江省发放涉农贷款的正规金融机构以农村信用合作社为主，不同金融机构对种粮大户的界定不是完全相同的，但各金融机构对种粮大户面积的界定基本都集中在100亩以上，且农户多以单一农作物种植为主，种粮大户在大型农机具耕种、良种选购、提供农业技术支持、农产品市场信息指导等方面起到了为传统农户示范、推进农业科技发展、普及带动村民共同致富等作用。此外，根据以往的研究也不难发现，学者们有将黑龙江省种粮大户的种植面积界定为100～300亩的先例。

鉴于以上分析，本书对研究对象种粮大户进行如下界定（满足以下几个条件具有一定示范作用的专业户）：第一，种粮大户为承包或流转耕地（包括自家责任田、代耕代种、租赁、新开垦未发包耕地等）以一种农作物（水稻、玉米、大豆）耕种为主，作物耕种时限根据东北地理情况为一季，总面积为100～300亩；第二，农业经营收入占总收入的70%以上；第三，对承包的耕地具有独立的经营权，对农产品有独立的处置权，自负盈亏并且能够自行承担农业生产的风险；第四，种粮大户多数由普通农户演化而来，在种植过程中，主要劳动力为家庭成员或采用雇工的形式，善于运用农业机械及科学技术对经营的作物进行科学耕种。

调研中采用随机抽样的方法，采用实地调查兼顾网络调研发放问卷的方法*，对样本地区种粮大户进行抽样调查，并和相关金融机构信贷员以及农业经济经营管理站工作人员进行座谈，对每个地区随机抽取1个村，每个村

---

* 本部分调研采用问卷发放的形式，根据实际情况机动调整调研策略，主要采用与受访者座谈、线上发放问卷等形式。

此外，根据与黑龙江省农村信用合作社等金融机构座谈，2013年初黑龙江省推行了互保贷款，贷款周期为3年，经历了最初3年的试运行阶段和接下来3年的互保贷款运行期，本书的研究数据来源于互保贷款推行并稳定后的开局之年。此外，黑龙江省的种植业经营主体大多种植规模和种植作物品种稳定（与本省的粮食作物种植特点和土地情况等自然特征有关），因此，本书选择的调研数据具有代表性。

随机抽取 30 户粮大户共 540 户样本，去除无效问卷剩余 468 户（有效率
86.7%），具体样本情况如表 4 - 2 所示，种粮大户种植规模在 150～200 亩
的农户数量最多，占比 37.4%，在 300 亩以上的种粮大户数量最少，占
比 6.2%。

表 4 - 2　种粮大户种植规模调研情况

项目	100～150 亩	150～200 亩	200～300 亩	300 亩以上	合计
户数（户）	141	175	123	29	468
平均值（亩）	131.6	160.9	231.2	558.0	195.2

数据来源：根据调研数据整理而得。

（二）家庭农场

家庭农场是基于自身资源禀赋，在家庭农场主社会网络的支撑下，对外部
资源进行充分获取，整合农业政策、市场信息、农业科技和金融财政等农业生
产要素，运用现代农业的经营管理思想，从事规模化经营、市场化运作、企业
化管理的现代农业微观经营组织；家庭农场的生产经营者拥有相应生产技术和
管理能力，从事农业规模化经营，进而获取经济收入。另外，家庭农场是以农
场主及其亲属为主要管理者，也从事农产品生产、销售。家庭农场的基本特征
是家庭成员经营、适度规模、市场化经营、企业化管理，以规模经营为主要方
式，以经济效益为主要经营目标。

对黑龙江省家庭农场进行了实地调研。由于各个地区的家庭农场数量和经
营情况等存在一定程度的差异，并非各村均有正常运营的家庭农场，综合考虑
调研数据的可获性和有效性，对调研县（市、区）进行抽样调查，在 18 个样
本地区各随机抽取 12 户家庭农场，并且除去无效问卷样本，得到剩余样本
181 份（有效率 83.8%），样本情况如表 4 - 3 所示。

表 4 - 3　种植业家庭农场种植规模调研情况

项目	0～350 亩	350～500 亩	500～650 亩	650～750 亩	750 亩以上	合计
户数（户）	23	45	60	32	21	181
平均值（亩）	227.4	362.7	513.1	669.5	793.3	499.6

数据来源：根据调研数据整理而得。

根据表 4 - 3 的调研结果可以看出，黑龙江省种植业家庭农场规模集中在
350～750 亩，占比为 75.7%。综合以往的研究对家庭农场的界定，本书对家

庭农场的界定为：家庭农场是以家庭成员为主要劳动力，农场的实际管理者进行日常生产和经营管理，主要种植水稻、大豆和玉米等农作物，以集约化方式进行精耕细作并以适度规模化生产经营为主导，通过专业化生产技术设备和组织化的生产团队，在国家农业政策的扶持下，以社会化服务体系为基础，从事农业生产经营活动并以农业收入为主要经济来源的新型农业经营主体，本书研究的家庭农场种植面积为 350～750 亩。

（三）农民专业合作社

农民专业合作社是农村家庭承包经营基础上，同类农产品的生产经营或同类农业生产经营服务的提供者、利用者，自愿联合、民主管理的互助性经营组织（定义来源：《中华人民共和国农民专业合作社法》）。农民专业合作社以其成员为主要服务对象，提供农业生产资料的购买，农业产品的销售、加工、运输、储藏以及农业生产经营有关的技术、信息等服务。本书涉及的农民专业合作社的定义遵循以上法律规范。

对黑龙江省的种植业农民专业合作社进行了实地调研。发现并非各村均有正常运营的农民专业合作社，综合考虑调研数据的可获取性和有效性，对调研县（市、区）进行抽样调查，在 18 个样本地区各随机抽取 10 家合作社，发现样本种植面积集中在 800 亩以上，除去无效问卷样本，剩余 155 份样本（有效率 86.1%），样本情况如表 4-4 所示。根据调研情况可知，合作社耕地面积主要集中在 800 亩以上和 2 000 亩以下，因此，本书选择的种植业农民专业合作社调研样本共计 109 家，为种植面积 800～2 000 亩的经营主体。

表 4-4 种植业农民专业合作社种植规模调研情况

项目	0～500 亩	500～800 亩	800～1 000 亩	1 000～2 000 亩	2 000 亩以上	合计
户数（家）	11	13	62	47	22	155
平均值（亩）	187.3	690.8	867.8	1 602.0	2 120.2	1 205.0

数据来源：根据调研数据整理而得。

（四）普通小规模农户

本书界定 100 亩以下种植面积的农户为普通小规模农户（也称为小农户），且种植作物以单一粮食作物为主，对调研地区 18 个县（市、区）进行抽样调查，每个县（市、区）随机抽取 1 个村，每个村随机抽取 20 户 100 亩以下的小农户进行研究，共 360 份调查问卷，回收得到有效问卷 285 份（有效率 79.2%），样本情况如表 4-5 所示，可知普通小农户经营规模集中在 50 亩以下，均值为 28.6 亩。

表 4-5 种植业普通小农户种植规模调研情况

项目	0～20 亩	20～50 亩	50～70 亩	70～100 亩	合计
户数（户）	106	159	8	12	285
平均值（亩）	14.6	31.2	66.3	93.8	28.6

数据来源：根据调研数据整理而得。

三、政策支持情况

党的十八大提出培育新型农业经营主体，国家陆续出台了一系列政策文件支持新型农业经营主体发展，种粮大户作为新型农业经营主体的一分子在政策的保证下蓬勃发展。随着农村土地政策日益完善，农村土地流转变得更加便利迅捷，很多小农户也走向了规模经营的道路。一些小农户通过土地流转成了种粮大户，甚至转化成了规范经营的家庭农场。本书的研究对象种粮大户作为农村地区较为常见的农业经营主体，是保证国家粮食供给和安全的重要力量，正朝着适度规模经营的方向发展，为国家农业现代化建设和乡村振兴贡献了力量。本书的研究重点是在适度规模经营的背景下，分析探讨种粮大户面临的资金获取问题，该问题在现阶段农村金融竞争日益激烈的前提下依旧具有现实意义。尽管现阶段农村金融供给较过去效率有所提升，但是，比较而言种粮大户的资金获取仍存在问题，本书旨在破解该难题，提高种粮大户贷款的获取概率，为未来种粮大户更好地发展甚至在可能的情况下转化成规范化的家庭农场提供可能。本部分政策支持情况会对中央 1 号文件等国家支农的重点政策性文件进行总结，着重总结与本书研究相关的新型农业经营主体（种粮大户等）的总体支持政策和财政金融支持政策，描述种粮大户等新型农业经营主体面临的外部政策环境，对政策支农的约束和激励有一个大概的描述，以期为后文种粮大户相关数据的描述做铺垫，具体情况如表 4-6 所示。

表 4-6 2016—2020 支持种粮大户发展的政策概述

年份	文件	内容概述
2016	《中共中央 国务院关于落实发展新理念加快农业现代化实现全面小康目标的若干意见》（中央 1 号文件）	总体来看：探索开展粮食生产规模经营主体营销贷款改革试点。积极培育家庭农场、专业大户、农民合作社、农业产业化龙头企业等新型农业经营主体

（续）

年份	文件	内容概述
2016	《中共中央 国务院关于落实发展新理念加快农业现代化实现全面小康目标的若干意见》（中央1号文件）	资金支持：推动金融资源更多向农村倾斜。加快构建多层次、广覆盖、可持续的农村金融服务体系，发展农村普惠金融，降低融资成本，全面激活农村金融服务链条。进一步改善存取款、支付等基本金融服务
2017	《中共中央 国务院关于深入推进农业供给侧结构性改革 加快培育农业农村发展新动能的若干意见》（中央1号文件）	总体来看：积极发展适度规模经营。大力培育新型农业经营主体和服务主体，通过经营权流转、股份合作、代耕代种、土地托管等多种方式，加快发展土地流转型、服务带动型等多种形式规模经营。积极引导农民在自愿基础上，通过村组内互换并地等方式，实现按户连片耕种
		资金支持：加快农村金融创新。强化激励约束机制，确保"三农"贷款投放持续增长。支持金融机构增加县域网点，适当下放县域分支机构业务审批权限。对涉农业务较多的金融机构，进一步完善差别化考核办法。落实涉农贷款增量奖励政策。积极推动农村金融立法
2018	《中共中央 国务院关于实施乡村振兴战略的意见》（中央1号文件）	总体来看：对实施乡村振兴战略进行了全面部署。促进小农户和现代农业发展有机衔接。统筹兼顾培育新型农业经营主体和扶持小农户，采取有针对性的措施，把小农生产引入现代农业发展轨道。培育各类专业化市场化服务组织，推进农业生产全程社会化服务，帮助小农户节本增效。发展多样化的联合与合作，提升小农户组织化程度。注重发挥新型农业经营主体带动作用
		资金支持：确保财政投入持续增长。建立健全实施乡村振兴战略财政投入保障制度，公共财政更大力度向"三农"倾斜；坚持农村金融改革发展的正确方向，健全适合农业农村特点的农村金融体系，推动农村金融机构回归本源，把更多金融资源配置到农村经济社会发展的重点领域和薄弱环节，更好地满足乡村振兴多样化金融需求
2019	《中共中央 国务院关于坚持农业农村优先发展 做好"三农"工作的若干意见》（中央1号文件）《关于支持做好新型农业经营主体培育的通知》	总体来看：深化农村土地制度改革。保持农村土地承包关系稳定并长久不变，研究出台配套政策，指导各地明确第二轮土地承包到期后延包的具体办法，确保政策衔接平稳过渡。深入推进农村集体产权制度改革
		资金支持：2019年中央财政加大对农民合作社、家庭农场等新型农业经营主体的支持力度

（续）

年份	文件	内容概述
2020	《中共中央　国务院关于抓好"三农"领域重点工作　确保如期实现全面小康的意见》（中央1号文件）	总体来看：2020年是全面建成小康社会目标实现之年。坚持增强新型农业经营主体和服务主体对小农户的引领、带动和服务能力。立足大国小农和小农户长期存在的基本国情农情，正确处理扶持小农户发展和促进各类新型农业经营主体和服务主体发展的关系，实现新型农业经营主体和服务主体高质量发展与小农户能力持续提升相协调。坚持因地制宜，不搞一刀切 资金支持：优先保障"三农"投入。加大中央和地方财政"三农"投入力度，中央预算内投资继续向农业农村倾斜，确保财政投入与补上全面小康"三农"领域突出短板相适应。稳妥扩大农村普惠金融改革试点，鼓励地方政府开展县域农户、中小企业信用等级评价，加快构建线上线下相结合、"银保担"风险共担的普惠金融服务体系，推出更多免抵押、免担保、低利率、可持续的普惠金融产品

注：根据相关文件资料整理而得。

由表4-6可知，自2016年起，多年的中央1号文件等国家重要政策性文件均在总体和财政金融政策上，对新型农业经营主体（包括种粮大户）提出了支持办法。从总体来看，2016—2020年，国家对新型农业经营主体进行了大力培育和扶持，在政策层面上，重点保证其土地权益，发展适度规模经营。从2018年《中共中央 国务院关于实施乡村振兴战略的意见》之后，新型农业经营主体的带动作用被强调，但是，新型农业经营主体在起到引领作用的同时也不能搞所有经营主体的同化和一刀切。

在资金扶持方面，2016—2020年，资金扶持政策强调金融资源向涉农领域倾斜。2016年中央1号文件强调涉农资金的扶持力度，发展普惠金融使得种粮大户等新型农业经营主体降低融资成本；2017年政策强调了加快金融产品的创新，支持金融机构增加县域网点，适当下放县域分支机构业务审批权限；2018年在强调增加农村金融资金供给量的基础上要保证投入的靶向性；2019年、2020年农村金融依旧强调增加资金供给力度并推出普惠金融产品。

综上所述，根据对近年来涉农政策文件的总结和梳理，种粮大户等新型农业经营主体的发展一直是国家关注的重点，种粮大户作为新型农业经营主体的一分子在农村地区广泛存在，其适度规模经营的特点在农村地区具有代表性。

此外，近些年的金融政策也关注了新型农业经营主体的发展，农村金融供给力度增加，金融竞争日益激烈，本书在以上激励政策背景下，对种粮大户的贷款获取问题进行研究，紧贴国家粮食安全、农民增收、乡村振兴、适度规模经营等相关热点，具有现实意义。

第二节　种粮大户借贷动机描述性分析

本章会对种粮大户借贷动机、申贷行为和贷款获取结果进行描述性分析（考虑到调查工作开展的可行性），采用样本描述总体的方法进行研究。此外，动机是心理学的概念，观测难度较大，在心理学中需求是动机产生的内部条件，也是动机产生的基础，在经济学中强调对需求的研究。本书迁移心理学动机的概念并采用相关概念衡量的方法对种粮大户贷款需求特征进行描述，从而反映种粮大户的借贷动机。

一、种粮大户资金需求额度高

调研地区黑龙江省为种植业大省，种粮大户以种植粮食类作物为主业，种粮大户的发展为保障粮食安全作出了贡献，全省种粮大户充分发挥粮食生产的优势和特点，大力进行水稻、玉米、大豆的耕种。在本次调查的 439 户种粮大户中有 180 户主要进行水稻种植，占比 41.0%；有 195 户主要种植玉米作物，占比 44.4%；64 户主要种植大豆，占比 14.6%。由此可知，种粮大户主要种植作物为玉米、水稻和大豆。

种粮大户在进行规模经营的前提下，其收入主要来源于农业生产，生产过程中需要投入一定的成本。种粮大户的生产还受到自然条件制约，某些时候并不能获得可观的收入。在实际调查中，种粮大户在粮食生产过程中均存在资金不足的现象，均有借贷资金需求。

种粮大户的规模化经营带来了较高的生产费用，但其自有资金有限，因此，种粮大户会对正规贷款和非正规贷款存在需求，如部分种粮大户会通过借入亲朋好友资金等非正规金融渠道解决临时性资金需求，本部分对种粮大户的贷款需求规模进行简单概括。调查的种粮大户有 439 户，均有借贷资金需求，需要融入外部资金。根据调研实际情况，样本中种粮大户年总收入集中在 30 万元以下，为 365 户，占比 83.1%；而样本中种粮大户资金需求规模主要集中在 10 万~20 万元，占比为 40.8%，甚至有超过 20% 种粮大户的资金需求超过 20 万元，因此，种粮大户资金需求额度普遍较大，具体情况如表 4-7 所示。

表 4-7　种粮大户资金需求规模（万元）

项目	＜10	10～20	≥20
数量（户）	167	179	93
占比（％）	38.0	40.8	21.2

数据来源：根据调研数据整理而得。

二、种粮大户资金借贷期限长

种粮大户的生产性贷款期限较长，往往与农业的生产周期契合。以该种方式设计贷款的原因是农作物具备一定的生物特性，作物生长周期遵循自然规律不可更改。在农作物的生产期种粮大户需要大量资金保证生产。因而，种粮大户希望借贷资金适应农业生产的特点，最大可能地发挥借贷资金的作用，以调研样本所在地黑龙江省为例，大多种粮大户的借款期限根据作物的生长特征，基本在一年及一年期以内。借款期限的短期化不利于帮助农户形成长期生产力，只能解决短期的、季节性的和临时性的资金需要。在金融创新方面，以农村信用合作社为例，为了提高种粮大户借贷的便利性且有效控制风险，推出了一次授信三年循环使用贷款模式。该种贷款模式使用的前提条件是种粮大户的生产经营没有产生重大改变，否则需要重新授信。该种贷款模式对种粮大户进行科学化评价后，以合理的额度放款，不仅减少了以往一年授信一次产生的交通及其他方面费用，还方便了种粮大户的生产经营。

三、种粮大户的资金借贷多为生产性用途

对种粮大户贷款资金的用途有很多讨论，学者们一般将种粮大户贷款资金的用途归纳为两类，分别是生产性用途和消费性用途，实际上有些资金无法归于以上两类用途，如子女教育资金，实质上具备消费与投资的双重特性。舒尔茨认为直接用于教育、保健以及为了取得良好就业机会而用于国内移民的费用都属于一种对人力资本的投入。人力资本在短期来看是消费性质的，但是长期来看是投资性质的。本书将种粮大户正规贷款用途分为生产性和生活性两类。

基于黑龙江省的调查数据发现种粮大户的资金用途情况如表 4-8 所示，可知种粮大户资金以生产性用途为主。种粮大户并非普通农户，在种植面积上呈现出一定的规模化态势，根据对黑龙江省的调研情况，种粮大户的种植面积

主要集中在 100～300 亩，有一定的种植规模且以生产性经营为主。种粮大户具备一些特点，例如以粮食生产销售为主业、以追求利润最大化为目标。这就决定着种粮大户的信贷资金具有主要用于农业生产经营，兼顾家庭生活消费的特点。本次调研在问卷设计上采用了问答加假设的提问形式，在调查中设计以下问题：如果您的贷款需求有所回应得到了贷款，您会主要运用在哪个方面？请按照重要程度排序。设计以下选项：生产性用途，婚丧嫁娶，购车，买房和修缮房屋，供养子女及教育费用支出，看病，养老，其他生活消费用，归还未还贷款。发现大多数经营主体把生产性用途放在了首位，大部分种粮大户将贷款主要运用在生产中，具体贷款用途和主要用途偏好如图 4-1 和表 4-8 所示，由此可知种粮大户的正规信贷资金多为生产性用途。

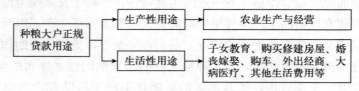

图 4-1　种粮大户正规贷款用途示意

表 4-8　种粮大户贷款资金主要用途统计

主要用途	数量（户）	占比（%）
农业生产	415	94.5
买房修缮费用、婚丧嫁娶、购车及子女教育	17	3.9
其他用途	7	1.6

数据来源：根据调研数据整理而得。

四、种粮大户的融资渠道倾向于正规借贷

根据调研情况可知，只选择申请正规贷款的种粮大户有 347 户，占比为 79.0%，由此可知正规贷款受到种粮大户的青睐，且为种粮大户的主要贷款选择。如表 4-9 所示，进一步访问可知，种粮大户只要选择申请贷款，大多数都从动机上倾向于先选择正规贷款，毕竟正规信贷规范有保证且贷款利率低。但是，首选动机并不完全能付诸最终行动。

在调研中发现，黑龙江省正规贷款供给的主力军依旧是农村信用合作社，其他正规金融机构如中国邮政储蓄银行、哈尔滨银行、中国农业银行等的涉农贷款均属于补充力量。此外，选择非正规金融贷款的借款者中，有 73 户种粮大户选择向亲友借款，占比为 79.3%，可知当向其他非正规金融机构寻求帮助时，种粮大户获取的非正规金融借贷以亲友借贷为主。种粮大户会尽可能地选择用较低的成本获取资金，而对于申贷金额，他们也不会过分要求，相反他们大多会在综合考虑生产实际情况后权衡申请资金的额度，以便顺利获得贷款审批。而贷款的成本包括很多方面，不仅需要考量利率，在农村熟人"圈子"中，面子、人情等成本也是种粮大户贷款时不得不考虑的问题，他们大多会在申贷时反复考量和对比不同的融资渠道，去做出对自身有利的贷款决定。非正规金融具备期限短和灵活的特点，一些种粮大户选择非正规金融是为了弥补临时性的资金需求，但是种粮大户的亲友往往也从事与之相同的生产活动，并没有太多的冗余资金，因此，非正规金融尤其是亲友借贷可借款额度不高。大多数拥有正规贷款和非正规贷款选择的种粮大户会倾向于向金融机构申请大部分的贷款。在贷款利率方面，黑龙江省目前的正规金融年化利率在 4%～8%，非正规金融的年化利率在 10% 以上，利率优势会吸引种粮大户选择正规贷款形式。

表 4-9　种粮大户贷款资金主要渠道统计

贷款渠道	只有正规金融申贷	只有非正规金融申贷	既有正规金融贷款又有非正规金融贷款
数量（户）	347	50	42
占比（%）	79.0	11.4	9.6

数据来源：根据调研数据整理而得。

第三节　种粮大户申贷行为描述性分析

本书站在行为人的角度借鉴心理学的理论框架，研究异质性情况下种粮大户贷款获取的问题，本部分对种粮大户的申贷行为进行分析。

种粮大户参与正规借贷的积极性高，大多数种粮大户会将借贷动机转化成实际的申贷行为。在对种粮大户进行访谈的过程中发现，调研的 439 户种粮大户中，有 428 户种粮大户对正规金融有借贷的动机，其中有 389 户将正规金融的申请意愿转化为实际的行动进行了申贷，占比 90.9%，表示种粮大户大多数会参与到正规借贷活动中，参与的积极性较高。此外，与其他种植业经营主体申贷行为进行比较，调查对象中种植业专业合作社有 109 家，其中有 104 家对正规金融有借贷动机，93 家进行了贷款申请，占比 89.4%；家庭农场有 137 户，有正规金融借贷动机的为 132 户，将该动机转化为申贷行为的有 119 户，占比 90.2%；小农户 285 户，具有正规金融借贷动机的有 252 户，将该动机转化为申贷行为的有 201 户，占比 79.8%。通过以上数据分析可知，无论是何种种植业经营主体，其正规借贷的借贷动机大多会转化成实际的申贷行为，种植业经营主体对正规金融的参与度较高，种粮大户作为种植业经营主体的一分子，其正规借贷动机转化为实际申贷行为的比例最高，反映出种粮大户参与正规借贷的积极性较高，如表 4 - 10 所示。

表 4 - 10　种粮大户申贷行为（借贷动机到申贷行为的转化）与其他经营主体的比较

项目	种粮大户	种植业专业合作社	家庭农场	小农户
希望获取正规贷款的经营主体	428 户	104 家	132 户	252 户
完成申贷行为的经营主体	389 户	93 家	119 户	201 户
占比（%）	90.9	89.4	90.2	79.8

数据来源：根据调研数据整理而得。

第四节　种粮大户贷款获取结果描述性分析

根据对黑龙江省"两大平原"种粮大户的调研发现，种粮大户的贷款参与积极性高，近年来农村金融市场的竞争也日益激烈，各类种植业经营主体的贷款获取情况好转（具体见第六章分析）。具体来看，申请正规贷款的种粮大户有 389 户，其中获取贷款的种粮大户有 261 户，占比 67.1%，虽然近七成申请贷款的种粮大户都能获取正规贷款，但是相较于种植业经营主体的整体情况来看，种粮大户的贷款获取率较低（具体见第六章分析），获取贷款的种粮大户中有 162 户仍旧存在资金缺口，反映出种粮大户贷款获取率依旧有提升的空间。

此外，对种粮大户贷款满意度进行简要数据描述分析，可以发现种粮大户对正规贷款的满意度较高，根据对 389 户有申贷行为的种粮大户调研可知，超过半数的贷款参与者对正规贷款服务表示整体满意，共有 208 户。其中感到满意的种粮大户有 152 户，占比 39.1%；感到非常满意的种粮大户有 56 户，占比 14.4%。还有部分种粮大户感觉正规金融服务基本可以接受，这类种粮大户的数量为 102 户，占比 26.2％。有 79 户种粮大户对正规贷款表示不满意和非常不满意，20.3％，即有 1/5 左右的种粮大户对正规金融机构的服务存在着意见和不满。在访谈中发现，种粮大户对正规贷款还会产生再次选择和推介的动机，80.5％的种粮大户表示还会再次选择正规金融借贷，75.1％的种粮大户表示会向周围的人推荐正规金融贷款的融资模式。种粮大户普遍表示，在农村正规金融竞争日益充分的今天，金融扶持力度增加，正规金融具备利率低、产品质量和服务质量好的特点，此外，正规金融也可以有效地帮助其生产经营，因此，种粮大户会对正规金融进行跨期选择和推介。

第五节　种粮大户贷款"动机—行为—结果"数据描述性分析

心理学中，行为人参与某项活动需要有动机进行驱动，外在的环境作为诱因会引导个体趋向某个特定目标。实际上，个体内在的需要是动机产生的根本原因，需要是个体生理和社会生活中必需的事物在人脑中的反映，是有机体感到某种缺乏而力求获得满足的心理倾向。类似的，在经济学中，需求是在一定的时期，在每个价格水平下，消费者愿意并且能够购买的商品数量，二者在主观上通常表现为不满足感和不平衡感，需要和需求可以称为个体活动的积极性源泉。

日常生活中，当人们有了某种需要时，这种需要就会推动人去寻求满足需要的对象，从而使需要转化为驱动行为的动机，需要如果转化成动机还需要一个前提，需要的存在促使人们产生某种行为时才转化为动机。类似的，在种粮大户的借贷活动中，资金需求促使其产生申贷行为，该种需求转化成了种粮大户的借贷动机。基于以上的分析逻辑，本书的种粮大户由于自身生产资金匮乏而产生了不满足感，进而希望通过正规借贷满足自身生产需要，自然而然产生了借贷的动机并驱使种粮大户产生申贷的行为，进而产生贷款获取与否和获贷是否满足的结果，该种结果的产生会有后续的影响，会再次反馈到种粮大户的内心和现实生产中，产生对获贷结果的满意度评价（内心层面）和收入效应评价（生产层面）。在实际上，本书调查的 439 户种粮大户样本中，其中有 428 户种粮大户有正规借贷需求产生了借贷动机，其中有 389 户将借贷动机付诸实际，且大部分选择了正规借贷，表示种粮大户对正规借贷的需求较高，且该种借贷动机驱动的申贷行为转化率也较高。该种趋势的出现源于正规金融竞争日益激烈、交易成本降低、金融机构利率水平适中且贷款手续逐渐简化、金融信息透明化、信用体系逐渐完善等。此外，在对贷款获取结果的研究中，发现389户种粮大户中，261户种粮大户获取了贷款，说明从种粮大户贷款参与活动的起点借贷动机出发，一直到贷款获取结果的产生，在数据上存在递减的关系，也符合理论框架中，由借贷动机（需求）出发到申贷行为一直到贷款获取结果的逻辑，具体样本的情况见图4-2。

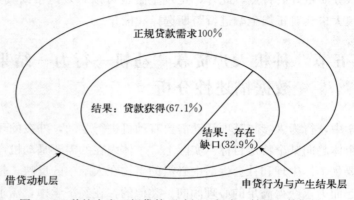

图4-2　种粮大户正规贷款"动机—行为—结果"数据描述

第五章

种粮大户借贷动机与申贷行为分析

根据前文动机和行为理论的分析可知，种粮大户贷款获取的研究起点是借款主体产生参与贷款的内在驱动力，即借贷动机，该动机推动其形成申贷意愿。在实际情况中，参与贷款的动机往往是通过意愿调查进行反映的，进而过渡到申贷行为的研究。本章将会结合实际对种粮大户贷款的借贷动机进行简要描述（心理学的内容略写），得到种粮大户参与正规借贷的有效借贷动机，进而分析借款主体正规贷款申贷行为。

第一节　种粮大户借贷动机分析

由前文的分析和调研情况可知，动机是促使行为人的活动朝着某个目标进行的内部动力，在调研中意愿研究也可以反映研究主体的实际动机。在本书中，种粮大户有获取贷款的目标，该目标由贷款借贷动机驱动。动机研究是心理学的研究范畴，本章在具体研究时会对借贷动机部分进行略写，重点对种粮大户申贷行为决策进行分析。

一、种粮大户的借贷动机

对 439 户种粮大户进行贷款申贷意愿的访谈，发现想获取正规贷款的种粮大户有 428 户，由此可见种粮大户有接近正规贷款的强烈动机。该种情况对比过去有了很大的变化，从实际调研情况来看，调查的种粮大户普遍反映，目前农村正规金融发展势头较好，金融机构也更多地考虑种植业的特征进行了贷款产品的创新，农村信用合作社设置的新型涉农贷款互保品种是针对种粮大户等种植业经营主体的贷款，可采取一次授信 3 年内循环使用的新模式；此外，哈尔滨银行采取信用村规模经营主体信用贷款模式；中国邮政储蓄银行的小额信贷探索模式等都给黑龙江省种植业经营主体贷款带来了实惠。以上贷款模式的出现和农村金融机构的竞争解决了一部分种粮大户的贷款难题，也增加了种粮大户的申贷信心，同时金融机构的竞争也使得贷款利率稳定在一定范围之内，使得种粮大户有动力去参与正规贷款活动。种粮大户正规借贷动机调查情况如表 5-1 所示。

表 5-1　种粮大户正规借贷动机调查统计

是否有正规借贷动机	户数	占比（%）
有	428	97.5
无	11	2.5
合计	439	100

数据来源：根据调研数据整理而得。

二、种粮大户借贷动机的有效性

目前在黑龙江省的农村金融市场中有很多资金供给者，农村信用合作社是贷款发放的主力军，其他银行类金融机构是农业正规贷款发放的辅助力量。当然，农村金融市场中还有亲友借贷等其他非正规借贷形式。对借款方种粮大户来说，产生有效的借贷驱动力，才能最终加入正规借贷活动中来，接下来本书会对种粮大户正规贷款的有效借贷动机进行讨论和界定。

与经济学需求的界定相类似，种粮大户的借贷动机反映其借款需求，表现为在一定的贷款利率下，种粮大户愿意并且能够贷到资金。根据以上定义，种粮大户的正规贷款需要有金融机构提供，否则借贷动机无效，此外，对种粮大户借贷动机的探讨还应有如下认知，要站在客观公正的角度分析种粮大户借贷，金融机构不是必须满足所有借贷动机，只有符合条件的借贷动机才会被支持或满足。

一般来说，涉农贷款被认为是一种要素，增加贷款额会引起农业经营主体的生产收入增加，贷款可联系现今资源和未来资源的交换。贷款涉及契约，若贷款交易发生的环境不利，所签订的贷款契约无法兑付，那么就会产生风险，增加放款者回收贷款的难度，贷款资源配置出现问题会造成资源的浪费。因此，种粮大户的有效借贷动机必须满足几点要求：第一，种粮大户要具备偿还能力；第二，具有相应可抵偿贷款的资产以备收入不足时偿还贷款。

总结来看，种粮大户的贷款要具备内在的借贷动机（或者称为推动力），此外，还要对种粮大户的内在动机进行识别。举例说明，对一类经营主体，可能也需要资金的扶持，但其没有偿还能力，因此，该种动机就变成了无效的；相对的，对于有些富裕且规模大的经营主体，具备一定的偿还能力，但是需求金额过大，风险之大远远超过了金融机构的承受范围，因而借贷动机无法实现；还有一些情况在农贷市场上也可以观测到，一些普通种粮大户，其贷款完全改变用途，甚至存在严重不符合贷款规定的情况，该种情况下形成的借贷动机也是无效的。因此，本书认为种粮大户有效借贷动机可用具体的申贷行为反映，是种粮大户以主要生产经营性用途为目的，预期未来能够按时偿还本息，最终将内在的驱动力转化成实际行动，即有意向且已向正规金融机构申请借款的行为。

结合调研实际情况，对种粮大户申贷行为进行统计，如表 5-2 所示，种粮大户中拥有申贷行为的有 389 户，占全部样本总数的 88.6%，说明绝大多数需求者会付诸行动，做出申贷行为，且种粮大户正规贷款的申请积极性高。

表 5-2　种粮大户贷款申请的调查统计

是否申贷	数量（户）	占比（%）
有	389	88.6
无	50	11.4
合计	439	100

数据来源：根据调研数据整理而得。

第二节　种粮大户申贷行为的机制分析

一、影响交易成本的关键因素分析

行为人是有限理性的，个体是无法预知突发事件的，因此，现实中人们无法对突发事件做出近乎完美的应对。而行为人同时存在的机会主义行为是以获得更大的交易利润为前提的，个体会根据对手的弱点进行投机，产生一定的意愿和行为决策。

交易成本受到三个方面因素的影响，分别是资产专用性、借贷不确定性和交易频率。其一，资产专用性强调"专用"二字，是指某些产品或服务只能用于某种用途，若被挪为他用其资产价值消灭，交易成本增加。如地理位置专用性，贷款的供求双方位置越接近，交易成本则越小。此外，还有物质和人力资本专用性以及时间专用性等。其二，借贷不确定性，是指交易环境和个体行为的不确定性,如客观环境的复杂性是当事者无法全面认清的,因而,交易双方可能是有限理性的;又如,行为不确定则是当事人为了自身利益可能存在隐瞒信息等不确定情况。其三,交易频率,即某段时间的交易次数,多次交易会产生降低交易成本的情况。

二、基于交易成本理论的种粮大户申贷行为机制分析

本部分应用交易成本理论对种粮大户申贷行为进行研究,其中交易成本是关键因子层,是直接影响种粮大户借贷申请行为的关键要素。同时,交易成本又受资产专用性、借贷不确定性及交易频率等介质层要素影响。而种粮大户借贷特征属于最基础层影响因素,这些因素通过作用于介质层因素而间接影响借贷的交易费用,从而影响借贷的申请行为。

具体分析为,种粮大户在生产经营时产生必要的资金需求。但是,农业生产具有较高的自然风险,在该种风险的制约下,种粮大户贷款也存在风险,这对于种粮大户的申贷行为是有影响的。对于关键维度交易成本层的作用,其中包含实物资产专用性、地理位置专用性等,反映经营主体的经济特征,高资产专用性降低了借款方进入金融市场的交易成本,增加了获利的可能性,从而刺激了借款方的借贷申请行为。此外,拥有高收入也可以降低农业经营主体进入市场的门槛,进而产生借贷动机和申贷行为。进一步对地理位置专用性进行解释,地理位置的远近可以评价借款方申贷的便利程度,直接关联交通成本的高低,进而影响借款主体的申贷行为。对借贷不确定性进行解释,种粮大户是否参与互保小组、小组成员之间是否信任、是否有亲友在金融机构任职也很重要,以上不确定性因子侧面反映了借款方的社会资本特征,该种资本为借款人增加了保障,带来的往往是风险和交易成本的降低,因此,增加了借款人申贷的可能。相对应的,银行一方也会提出一些要求,这些要求也是不完全确定的,如利率的高低、所需要的手续等,因此,以上因子也会对借款方的申贷产生一定程度的约束。对交易的频率进行解释,在同样的交易环境中,交易频率高的借款者再次获得贷款的可能性较高,多次获得贷款的经营主体,具备的经营能力受银行重视,此外,借贷交易频率越高,金融机构对借款方的信用情况和偿还能力越了解,因而有利于节约借贷的交易成本。综上所述,可以画出交易成本对种粮大户的申贷行为的作用机制图,如图5-1所示,以上分析为影响种粮大户申贷行为变量的选择提供了思路。

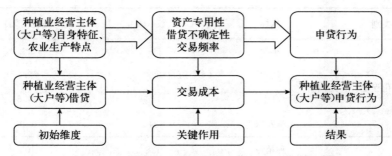

图 5-1　交易成本对种粮大户申贷行为的作用机制

第三节　种粮大户申贷行为实证分析

本节对种粮大户申贷行为进行分析，通过构建评价指标体系，筛选出影响种粮大户申贷行为的关键障碍因子。

一、数据来源

数据来源于前文提及的黑龙江省种粮大户贷款获取研究的调查，调研主要采用线上发放问卷和实地访谈形式进行。其中有正规借贷动机的种粮大户有428 户，有申贷行为的种粮大户有 389 户。种粮大户基本特征描述如表 5-3 所示。

表 5-3　受访样本的基本情况

类别	指标	人数（人）	占比（%）
户主性别	男	356	83.2
	女	72	16.8
家庭人口数	<2	24	5.6
	2~4	362	84.6
	>4	42	9.8
年龄	<30	50	11.7
	30~50	248	57.9
	50~60	130	30.4

（续）

类别	指标	人数（人）	占比（%）
文化程度	小学	35	8.2
	初中	224	52.3
	高中	148	34.6
	大学及以上	21	4.9
家庭收入主要来源	种植业	428	100
	其他业态	0	0

数据来源：根据调研数据整理而得。

由表 5-3 可以看出，第一，样本种粮大户的户主以男性为主，占比达到 80% 以上，反映出种粮大户家庭决策者以男性为主，且对外事务的参与决策权力以男性为主。第二，在家庭人口数方面，种粮大户以自家耕作为主，家庭主要的构成是 2～4 口之家，占比为 84.6%，其中 2 人以下的家庭规模仅占比 5.6%，超过 4 人的家庭规模占比为 9.8%，说明中等家庭和一家一户的耕作模式依旧是常态。第三，户主的年龄层主要集中在 30 岁以上和 60 岁以下，文化程度基本分布在初中和高中，证明需求方年龄层次基本集中在中年或老年阶段，文化程度一般。第四，家庭类型方面，受访者都是以种植粮食作物为主要生计来源，可见种粮大户生产收入对于其家庭有着重要意义。

种粮大户是否申请贷款，对贷款政策的了解和信息获取渠道等也值得关注，表 5-4 具体描述的就是种粮大户对正规贷款的了解程度和获取正规贷款信息的渠道。

表 5-4　种粮大户对正规贷款的了解情况简介

类别	项目	户数（户）	比例（%）
正规贷款了解程度	非常不了解	40	9.3
	比较不了解	39	9.1
	一般	67	15.7
	比较了解	231	54.0
	非常了解	51	11.9

（续）

类别	项目	户数（户）	比例（％）
贷款信息来源渠道	金融机构宣传	247	57.7
	村干部	19	4.4
	乡里邻里和朋友	30	7.0
	电视广播和网络	128	29.9
	其他渠道	4	1.0

数据来源：根据调研数据整理而得。

由表5-4可知，受访的种粮大户基本对贷款政策表示了解，明确表示不了解的样本有40户，占受访种粮大户总数的9.3％。虽然不是所有的种粮大户都了解正规贷款，但是从整体来看，认为对贷款比较了解的样本占比达到了1/2以上。从信息来源渠道来看，种粮大户主要通过金融机构宣传进行贷款知识的获取，其次是电视广播和网络宣传（占比分别为57.7％和29.9％）。金融机构是贷款活动的参与者，同时也是放款者，金融机构会投入一定的宣传力量，因此，种粮大户了解贷款信息的主要渠道是与金融机构面对面交流。此外，种粮大户的基本生活圈较为固定，贷款信息也可来源于乡里乡亲互相推介。随着信息的发展和网络的普及，种粮大户的信息来源渠道也得以拓宽。

二、变量选择与研究假设

除固定资产负债因素、农户禀赋因素、收入水平、土地面积、信用类指标、金融产品的了解程度、金融机构网点距离、申贷手续繁杂度等可能影响农户贷款申请的决策外，杨迪航等（2011）在前人研究的基础上，发现是否担任村干部和农户从事经济活动的类型，以及收入变量也可能影响农户贷款的申请，此外，一些农户之间的社会关系变量也应该被考虑到数量分析的过程中，如农户之间是否相互信任等。贺群等（2013）在前人的研究结果中发现，从风险的角度考虑，农户的自身风险偏好受到银行信贷约束等也可能影响农户的贷款申请。庸晖等（2014）对农户产权抵押贷款的影响因素进行归纳，得到农户基本特征，如所处地理位置、户主性别、户主年龄、家庭经营规模、劳动力人数等；经济社会特征，如土地面积、家庭欠款、储蓄等信用特征；金融机构的距离和对金融机构的认知，如到达金融机构的距离远近程度、农信社信誉、服务态度等；政策了解度等变量均可能对农户产权抵押贷款的申请行为造成影响。邱楚翘等（2015）发现农户对银行利率的最大承受水平也会影响其贷款的参与情况。孔凡斌等（2018）发现农户的资产类特征、固定资产、银行的利率水平，以及其用途和还款方式在某种程度上都会干扰农户的借贷决策，此外，是否有亲友在政府部门工作以及获得补贴的情况也可能影响农户贷款申请的决策。

根据以上变量的归纳总结和前文基于交易成本理论的种粮大户申贷行为机制的分析，结合调研以及与金融机构座谈获取的银行内部资料，得出以下种粮大户申贷行为影响因素：种粮大户经济特征变量——近3年是否得到过正规贷款、是否有亲友在金融机构任职、家庭总收入、种粮大户的信用记录，对金融机构的认知变量——种粮大户对正规贷款的整体评价、最近金融机构的距离、贷款手续的繁杂程度、种粮大户可以承受的最大利率水平，种粮大户家庭和户主特征变量——种粮大户间是否相互信任、经营规模。

简要对以上影响因素进行分析，第一，种粮大户作为以农业生产为主的经营主体，其贷款的首要目的就是保证生产经营，因此，经济特征变量会对种粮大户的申贷行为产生影响；第二，黑龙江省地域辽阔，即使农村信用合作社等正规金融机构加大了机构网点的覆盖，也无法在广度上保证金融网点全面铺开，因此，种粮大户借贷必然要考虑交通成本等变量；第三，种粮大户户主一般学历不高，若贷款手续繁杂则会对其申贷行为造成一定的制约，产生一定的成本，鉴于此，贷款手续的繁杂程度也会成为影响种粮大户申贷行为的变量；第四，在调研中，发现种粮大户的自身禀赋特征变量也可能左右种粮大户的申贷行为，因此，本书也选择了部分种粮大户社会学特征变量进行研究，具体变量选择情况，如图5-2所示。

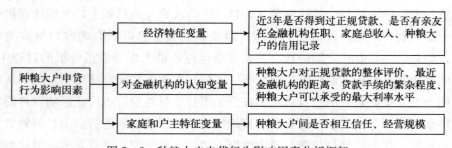

图5-2 种粮大户申贷行为影响因素分析框架

根据以上分析，提出以下几点研究的假设。

假设1，最近金融机构的距离影响种粮大户的申贷行为，且距离越远，种粮大户的申贷积极性越差。

假设 2，种粮大户的信用记录影响申贷行为，且信用记录越好的种粮大户申贷积极性越高。

假设 3，种粮大户对正规金融机构的整体评价正向影响其申贷行为，且评价越高申贷积极性越高。

假设 4，是否有亲友在正规金融机构任职影响种粮大户的申贷行为，有亲友任职的种粮大户更容易去申请贷款。

三、种粮大户申贷行为的 Logistic 模型构建

种粮大户对贷款申请与否的行为有两种表达，分别为"申请贷款"与"不申请贷款"两种形式，属于二元选择问题，为了探究哪些因子会影响种粮大户的申贷行为，采用二元 Logistic 模型进行分析。将种粮大户"申请贷款"赋值为 1，"不申请贷款"赋值为 0；以 P 表示种粮大户贷款申请的概率，取值在 0~1。构建模型如公式 5-1。

$$\ln\left(\frac{P_i}{1-P_i}\right) = \beta_0 + \sum \beta_j x_{ij} + \varepsilon \qquad (5-1)$$

式中，P_i 表示第 i 个种粮大户贷款申请的概率，$1-P_i$ 表示第 i 个种粮大户不申请贷款的概率，x_{ij} 表示第 i 个种粮大户申贷行为的影响因素变量，β_j 表示影响因素所对应的参数估计值，β_0 为常数项，ε 为误差项。

表 5-5 为变量的描述性统计报告。

表 5-5　变量定义和描述性统计

	变量	定义	平均值	标准差
因变量	种粮大户是否申请贷款	未申请=0；申请=1	0.910	0.288
自变量	最近金融机构的距离	真实值	23.610	7.225
	贷款手续是否繁杂	否=0；是=1	0.370	0.483
	种粮大户的信用记录	差=1；中=2；良=3；优=4	2.960	1.338
	家庭总收入	真实值	23.322	22.390
	种粮大户对正规贷款的整体评价	非常不满意=1；比较不满意=2；一般=3；比较满意=4；满意=5	3.220	1.232
	近3年是否得到过正规贷款	否=0；是=1	0.770	0.421
	种粮大户可以承受的最大利率水平	真实值	0.0619	0.016

（续）

	变量	定义	平均值	标准差
	是否有亲友在金融机构任职	否＝0；是＝1	0.690	0.464
自变量	种粮大户间是否相互信任	不信任＝0；信任＝1	0.900	0.298
	经营规模	真实值	179.930	64.696

注：由 SPSS 软件输出结果整理而得。

四、种粮大户申贷行为的实证结果分析

本部分运用 SPSS 21.0 软件对影响种粮大户贷款申请行为的因素进行分析，考虑到应用方法的规范性，首先会对选择的影响因素进行单变量回归分析，初步筛选变量得到家庭总收入单变量回归结果不显著。因此，在多元回归中剔除。

此外，考虑选择的变量之间可能存在多重共线性，因此，在进行多元回归分析之前，还需要进行多重共线性检验。以 VIF 方差膨胀因子作为判断标准，一般而言，该值大于 5 可被认为存在较高的多重共线性。多重共线性检验结果如表 5－6 所示，VIF 值均符合要求，没有多重共线性，无须舍弃任何变量，最后进行模型的多元回归分析，结果如表 5－7 所示。

表 5－6　变量的多重共线性检验结果

变量	VIF
最近金融机构的距离	1.236
贷款手续是否繁杂	1.168
种粮大户的信用记录	1.283
家庭总收入	1.036
种粮大户对正规贷款的整体评价	1.559
近 3 年是否得到过正规贷款	1.523
种粮大户可以承受的最大利率水平	1.012
是否有亲友在金融机构任职	1.146
种粮大户间是否相互信任	1.032
经营规模	1.035

注：由 SPSS 软件输出结果整理而得。

表 5-7 种粮大户贷款申请行为影响因素的多元回归估计结果

变量	系数	标准误	P	OR
最近金融机构的距离	−0.200***	0.074	0.007	0.819
贷款手续是否繁杂	−0.789	1.799	0.661	0.454
种粮大户的信用记录	1.518**	0.675	0.025	4.562
种粮大户对正规贷款的整体评价	4.125**	2.015	0.041	61.847
近 3 年是否得到过正规贷款	3.579*	2.097	0.088	35.820
种粮大户可以承受的最大利率水平	45.573	47.391	0.336	6.196E+19
是否有亲友在金融机构任职	4.305**	1.967	0.029	74.079
种粮大户间是否相互信任	4.482*	2.537	0.082	88.434
经营规模	0.024	0.017	0.160	1.024

注：根据 SPSS 软件输出结果整理而得；***表示 $P<0.01$，**表示 $P<0.05$，*表示 $P<0.1$。

根据以上的模型结果可知，第一，最近金融机构的距离在 1% 的水平下显著负向影响种粮大户的申贷行为。黑龙江省地域面积辽阔，正规金融机构在县域设置贷款网点尚可，如若将金融机构网点完全下沉至每个村，目前来说是难以实现的。在本次调研中，一些种粮大户反映最近金融机构路程过于遥远，产生了过高的交通成本，有的直线距离甚至超过了 80 千米。因此，从某种意义上说，种粮大户与最近金融机构之间过远的直线距离使得种粮大户放弃了贷款的申请。第二，种粮大户的信用记录在 5% 的水平下显著正向影响种粮大户的申贷行为。信用是评价一个人在社会中能否立足的关键指标，根据调研时与金融机构的座谈可知，是否给种粮大户发放贷款、发放多少贷款，信用指标是其考虑的关键因素之一。对于种粮大户来说，正规金融机构的信用记录是他们关注的焦点，一般情况下，借款方不会轻易破坏自己的信用记录，如果种粮大户自身的信用记录良好，会更有自信地向正规金融借款。第三，种粮大户对正规贷款的整体评价在 5% 水平下显著正向影响种粮大户的申贷行为。说明种粮大户对金融机构贷款的评价越高，越容易申请贷款，种粮大户对正规贷款的整体评价可以理解成一个综合性的因素，该因素可以反映种粮大户对贷款的整体感知和满意度，贷款是一种金融产品，具备和实物产品相似却又不尽相同的性质，作为贷款需求方的种粮大户在接近金融产品时，对其越充满积极的感知和评价，种粮大户申贷的可能性越大。第四，是否有亲友在金融机构任职在 5% 水平下显著正向影响种粮大户的申贷行为。说明如果有亲友在金融机构任职，种粮大户可以较为便捷地获取信息资源，在一定程度上，获取了较多的信息，对贷款整体的知识掌握、贷款的政策了解以及贷款的申请会有一定的促进，因此，该指标在5％的水平下显著正向影响种粮大户的申贷行为。第五，种粮大户近3年是否得到过正规贷款和种粮大户间是否相互信任在10％水平上显著正向影响种粮大户的申贷行为。前者可以侧面体现出种粮大户以往贷款的参与和对贷款服务的体验情况，种粮大户如果在近些年获得过贷款，则会对新一年的贷款有所促进，获得过贷款的种粮大户会侧面感知到自身具备获取贷款的能力而更有信心申贷，曾经的申贷行为甚至是获得贷款的全过程都会对种粮大户形成一种正向激励，进而影响种粮大户的申贷行为。种粮大户大多是通过互保的形式进行贷款的，而该种贷款模式需要的就是彼此之间了解、尊重和信任，因此，该变量也在一定程度上对贷款申请起到积极作用。

第六章

种粮大户贷款获取结果分析

第一节　种粮大户贷款获取结果的机制分析

一、基于信息不对称理论的贷款获取结果机制分析

在传统发展经济学理论中，一些学者认为，农村信贷市场中存在的弱质性特点与农村地域上的偏远特性导致的交易分散、农村金融市场出现过高的交易成本有关，因而，正规金融机构会在一定程度上排斥农村金融服务。随着研究不断深入，经济学家们应用信息不对称理论提出在信息不完全的前提下，银行等金融机构没办法了解借款者的风险偏好及还款意愿，同时银行也没有办法完全做到监督贷款未来的用途，若借款方选择违约，那么银行面临着损失，在担保、抵押缺位的情况下，银行会表现出非效率的特征，而以上情况发生的根本原因是信息不对称。

Stiglitz 等（1990）在对信贷市场信息不对称的研究中，阐述了事前信息不对称，即在逆向选择的情况下，银行等正规金融机构在与借款方签订合同之前，实际上是无法了解其风险特征与偏好的。因而没有办法对借款者的优劣性进行有效辨析，此时，可能会出现以下情况：以种植业经营主体（种粮大户等）为例，假设其需要一定的正规贷款额度 Q，无风险利率为 i，若本次贷款对应的农业生产经营获得了成功，那么收益为 R，反之，失败收益为 0，假设农业生产项目失败时银行能得到 C_0 的抵押物变现或者担保补偿。从种植业经营主体方面来看，设生产达到丰收，即投资成功，假设成功的概率为 P，则总收益为 $R-(1+i) Q$，失败时的收益为 $-C_0$。由此可知，种植业经营主体的期望收益为 $E(R)=P[R-(1+i) Q]-(1-P) C_0$，此时种植业经营主体（种粮大户等）的期望收益随着贷款利率的变化而产生变化，利率越大，期望收益越低，且有 $C_0+R \geqslant Q(1+i)$ 时种植业经营主体才会归还贷款，该不等式是反映有限责任条件的，当不等号的方向发生了改变，无论生产者的生产经营情

况如何，借款者都有了违约的激励，且当利率水平增加后，种植业经营主体违约的激励会随之增加。加之风险的不可预测性，种植业经营主体可能此时更加倾向于选择高风险的项目，此时项目的成功率也许不高，这是因为一旦项目失败，项目实施者可以违约。此时的银行由于无法辨别借款方的风险特征，如果按照同样的利率进行贷款，就会造成低风险者因支付过多利息而带来的损失，高风险者没有支付应该的风险补偿而受益，银行按照自身利益去设置贷款条件，自然会造成贷款的配置效率降低，贷款不能全部满足。

事后信息不对称引发道德风险，还是以种植业经营主体（种粮大户等）为例来分析，银行发放贷款之后，由于无法在所有使用环节做到全方位监督与风险预警，因而，无法全面地获得借款人的努力水平信息和贷款生产投向信息，此时，借款方很可能出现将贷款投向高风险领域的行为，造成贷款无法偿付的风险。此外，在担保物的层面，种植业经营主体自身的弱质性和缺乏有效偿付能力的特征依旧存在，正规金融机构有时也不得不面对种植业经营主体信贷违约的同时缺乏执行资产的窘境，因此，银行为规避道德风险设置的条件也注定了贷款需求无法全部满足的现状。

（一）抵押担保缓解逆向选择的机制分析

在农村金融市场中，逆向选择是存在的，没有有效的担保和抵押可能会使得逆向选择问题更加突出。银行缺乏对种植业经营主体的了解，难以控制其借贷行为选择。在没有抵押和担保的条件下，根据前文的相关分析，很可能的情况是借款人呈现"风险偏好"的个体特征，其借款行为特点是不在意农业生产的结果而过分关注生产结果对自身的效用。因而，追逐过高的风险和过高的收益就变成了一种很大的可能，此时，高风险偏好的主体更可能汇聚。在该种条件下引入抵押和担保是十分必要的，在没有抵押担保的情况下，个体可能会以高利率进行借款，由于利率必然反映那些在放贷人看来完全一样的个体借款人的平均风险，这样一来，逆向选择会产生负的外部效应，高利率所伴随的高风险可能使得金融机构惜贷，导致一些经营个体无法获得贷款，而增加担保和抵押会使得外部效应内部化，增加金融机构的信心，提高效率。

此外，过去一些发展中国家也试图推行政策性和补贴性农业贷款以解决种植业经营主体（种粮大户等）的融资难题，但是效果却不理想，一些贷款会被精英俘获，使得农贷资金的实际使用与预期目标有偏。事实证明，依靠低利率来补贴农业信贷是低效的，而提高抵押和担保使得借款人违约后产生较为严重的后果，银行可选择抵押担保的贷款方式来代替高利率的贷款方式，降低逆向选择的效应，进而产生积极的作用。

（二）抵押担保缓解道德风险的机制分析

道德风险往往由于借款方的"隐藏"行为而产生，而增加借款方的抵押担保会使得借款方改变自己的一些行为，朝着履约而努力。由于信息的非对称性，银行没有了解借款方的实际情况，无法精准地监督客户的贷后使用，以种植业经营主体为例，贷款可能会改变用途流向非农化的高风险投资中，因而产生很大的损失，产生放贷者偏好和借款者偏好的较大偏差，为了防止此类风险发生，抵押和担保是金融机构所想到的方法。其基本作用原理可以解释为，随着抵押和担保的增加，种植业经营主体不得不审视违约成本的增加，违约会造成一定程度的信用污点和财富消失。因此，抵押的存在通过一种"激励相容"效应能比较有效地解决信贷合约中因信息不对称而产生的道德风险，银行此时会在保证利润的情况下将利率降低到合理的水平，而利润下降带来的偿债压力降低，使得种植业经营主体有了努力生产的动力，并从增加生产剩余中获得的更大利益。信贷担保（抵押）的功能可以用图 6 - 1 简单反映，贷款风险（V_A）高于银行的信贷风险管控标准（V_C）时，交易是没有办法达成的。此时，引入担保，扩展了借款方的获贷可能，增加了借款方的信用资源，此时的信贷风险由 V_A 下降至 V_B，风险水平降低，且银行可以承受，那么贷款就可以顺利达成。通过以上分析的作用机制，借款者在获取贷款的同时，贷款利率也会随着风险的降低而下降，此时，由 R_A 降至 R_B。综上所述，根据以上分析，还可以得到抵押担保作用于种植业经营主体（种粮大户等）贷款获取的机制图（图 6 - 2）。

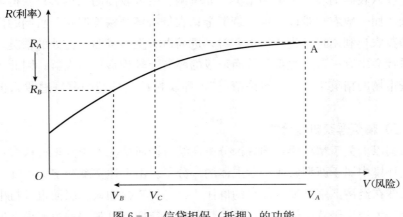

图 6 - 1　信贷担保（抵押）的功能

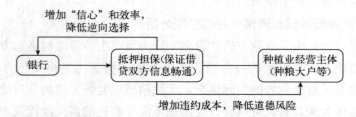

图 6-2 抵押担保作用于种植业经营主体（种粮大户等）贷款获取的机制

二、基于精英俘获理论的贷款获取结果机制分析

（一）精英俘获理论分析

英文文献称精英俘获为 elite capture，是一个经济学概念，在政治学、社会学等学科领域也有所涉及。对于精英俘获的国外早期研究称为"利益集团俘获"范式，在此之后，Jean-Jacques 等（1991）也进行了有关精英俘获方面的研究。多数小农户是非精英群体，存在被客体化和边缘化的现象。也有理论认为精英俘获存在两个维度：第一，精英控制了民间组织并影响民间组织发展；第二，外生型资源对精英的控制会影响民间组织的正常运转。随着大量农贷资源反哺农村，精英群体率先求偿、优先受益的利益诉求大量侵蚀公共利益空间，使得资源下乡被各种乡村精英形成的利益联盟垄断，且由于精英俘获的存在，扶贫类资金项目甚至低保利益也被村庄内的精英所获取。因此，扶贫项目目标偏离的问题需要在克服精英俘获的条件下才能得到有效缓解。李祖佩等（2012）认为，农村精英分为体制精英、经济精英和社会精英。温涛等（2016）认为，收入较高的农户可称为精英，非贫困县收入较高的精英农户获得大量农贷资金，而一般农户难以获得农贷资金；农贷市场"精英俘获"机制的内涵在于，精英农户利用自身优势追逐利益，进而占有更多资源。此处的精英，就是指农村社会中有一定"关系"从而形成的经济上较为富裕的人群。因此，可以说农贷市场的精英主要指"经济精英"，即农村社会环境中家庭总收入偏高的人群。

（二）精英俘获机制分析

根据以上关于精英俘获的理论分析，结合调研情况不难发现种粮大户在农村信息环境中属于新型农业经营主体的一分子。由上述文献和定义可知，种粮大户虽然在经济上不是最有优势的群体，在经营规模和人脉层面也较村中的合作社等较大规模经营主体逊色，但是，种粮大户拥有可观的种植规模，拥有与小农户相比更高的收入水平，属于农村环境中相对的"精英"。由于信息不对称的原因，优质信息会先被农村精英阶层获取，在贷款需求较为旺盛的农业生产环节，种粮大户是能与新型农业经营主体进行信息竞争的群体，而小农户则会因为自身收入低、经营规模小而受到一定程度的信息限制，过滤出的二手相对不利信息才会传导到小农户的手中。正规金融机构的贷款属于优质资源，在农村的信息传导过程中，有利贷款信息很容易被优质精英主体截取，使得小农户难以获得贷款的情况出现。以上分析的机制如图6-3所示。

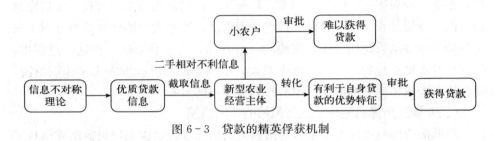

图6-3 贷款的精英俘获机制

三、基于信用理论的贷款获取结果机制分析

（一）贷款信用与信贷风险

信用在经济学研究上是指基于偿债能力的特殊价值运动形式，也表示为一种市场经济下的借贷行为，包括赊销、预付等行为，本质上描述为借和贷之间的关系。信用概念的核心是以归还为前提而获得，或者是以收回为前提而付出。在实际的经济活动中表现为，授信人在接受受信人在未来约定的期限内实现其承诺的前提下，通过签订契约向受信人出借，并且确保自己的本金能够在未来约定的期限内得到归还和增值的活动。信用概念的根源在于信任，表示为在信任对方的基础上出借资金。信用在行为经济学中被定义为一种行为，即交易主体之间守信和失信行为，并且容易引起与其相关联的交易主体的模仿，该种模仿会对经济环境以及社会秩序产生影响。

信贷风险也称信用风险、违约风险，是金融市场中不可避免的一种风险。通常认为信贷风险是指受信人无法按期归还贷款而给贷款机构带来损失的风险。信贷风险有两种突出的表现形式，其一是因为客观原因造成的违约风险，即借款方由于受客观经济条件的限制而不具有归还贷款的能力；其二是由于借款方主观原因导致的违约风险，即具有偿还贷款的经济能力但是出于主观原因而不愿归还贷款。本书中信贷风险主要是指种粮大户在参与正规贷款活动中，资金从正规金融流向借款者的过程，借款人因主观原因故意不履行约定归还贷款而造成的风险（是一种典型的信用层面的风险）。

在农村正规借贷活动中，信用行为具有很大的不确定性，信用行为直接影响正规贷款获取，是信用风险产生的重要来源。信贷风险产生的部分原因是履约能力不足，此外，更重要的原因是履约意愿不足。因此，在对种粮大户信用行为的研究中还应根据实际情况充分考虑种粮大户的偏好和信念对信用风险的影响。本书中种粮大户贷款偏好表现为种粮大户在进行当前和未来的风险权衡后，根据自身对于风险的偏好程度，从而作出相应信用行为的过程。而信念是指人们对事情是否发生的判断、观点或者看法，种粮大户的信念是指其对于未来的贷款决策结果是违约还是履约的一种判断、观点和看法。在这一过程中，借款方将根据自身贷款决策的历史经验，结合当前状况并参考未来预期情况，综合权衡决策结果，从而表现出一种类似学习的过程。

（二）建立声誉机制降低信贷风险的作用机制

降低信贷风险可以增加银行对借款方的信任程度，以便促进需求方信贷资金的获取。降低风险的关键是如何在信息不对称的情况下降低借款者违约的可能，目前来看，各个银行大多选择引入声誉机制，建立银行与种粮大户等其他经营主体之间的长期信任关系，以便促进贷款合约的多次达成，保证贷款获取。在贷款过程中，银行与种粮大户在信息不完全的条件下存在博弈，因此，博弈双方的目的都是通过转嫁成本实现自身利益的最大化。若双方只进行一次博弈，则种粮大户倾向于选择"违约"；如果双方进行多次重复博弈，那么借款者会在前面各期选择"履约"，而在最后一期倾向于"违约"；如果借贷双方博弈的次数非常多，借款者出于对未来利益的看重，会按时还款维持自身的信誉，与银行建立长期的信任关系，一次性博弈的结果交易双方会短时倾向于不合作，而重复性博弈的结果是交易双方趋向于合作。

引用信用指标或者说采用声誉机制，建立了银行和种粮大户之间的长期信任关系，有利于促进贷款的获取，在信息不对称条件下，降低了道德风险，借款方种粮大户无法通过不实的贷款申请材料来蒙蔽金融机构。信用指标是综合考虑户主的长期信用记录等基本情况而产生的，能够较为有效地反映借款方的偿债能力，对贷款的违约风险起到预测的作用，从而增加资金供需双方的信息透明度。

此外，引入了声誉机制、增加了信用指标后，违约的不良后果将被放大，违约的成本大大增加。重复博弈效应和声誉机制发挥作用，保证借款方履约。

如果借款方出现违约，那么违约事件将会被及时加入种粮大户等种植业经营主体的借贷信用记录中，从而影响到其未来的信用评分。并且，由于信用评分的广泛使用性，每一家使用信用评分的银行都会对违约的借款者做出慎贷的反应，借款方到其中任何一家银行申请贷款都会面临基本相同的结果，如此把种粮大户申贷行为变成多次相似的重复博弈，贷款诉求通过的可能性将会受到极大影响，而这种影响产生的鞭策作用会使得借款方倾向于履约。

综上所述，种粮大户贷款的一次违约行为降低了其信用评分，从而在银行业内产生了不良的信用，导致贷款获取出现障碍；多家银行采取的一致评分和行动拉长了博弈的链条，形成了重复博弈的局面。出于长期融资效益和利益最大化的考虑，种粮大户的正规贷款选择不会违约，这是因为信用评分能够通过引入重复博弈和声誉机制对违约行为产生约束力，增加贷款偿还的可能性。

下面通过数学方法来进行机制分析，以构建博弈模型的方式说明信用指标能够通过引入重复博弈和声誉机制对借款人的违约行为产生约束力、降低道德风险，进而增加贷款获取的可能。

第一，引入信用指标前的博弈分析。

种粮大户和银行是博弈的双方，种粮大户计划投资种植项目需要资金 K，选择向银行借款，银行面临"贷款"和"不贷款"两个选择，如果银行贷款，借款方有"还款"和"违约"两个选择。假设贷款的利率为 r，不考虑额外的贷款成本，贷款成本用 R 表示，为 $R = K(1+r)$；种粮大户生产收益为 T，基于成本收益比较，成本小于收益，那么有 $T > K(1+r)$；如果银行拒绝贷款，该生产项目可能出现搁置和取消，种粮大户将会丧失可能的收益，具有一定的机会成本 C（$C > 0$），C 的大小取决于借款方是否采取违约的策略，设其履约还款的概率为 β（$0 \leqslant \beta \leqslant 1$），则可以用公式 6-1 表示如下。

$$C = \beta(T-R) + (1-\beta)T = T - \beta R \qquad (6-1)$$

进行一定程度的简化分析，假设贷款不需要抵押，且贷款偿还方式为到期一次还本付息。在银行采用信用评分前，种粮大户与银行贷款的博弈过程如图 6-4 所示。

具体来分析，图 6-4 括号中数字或者表达式，前者为银行的得益，后者为种粮大户的得益。种粮大户向银行申请贷款时承诺履约，银行要判断这一承诺是否可信，从而决定是否向种粮大户放贷，通常用逆推归纳法来寻找动态博弈的纳什均衡，把多阶段动态博弈转化为一系列的单人博弈。首先，分析第二阶段借款方的决策。如果履约还款，则银行收回贷款本息 $K(1+r)$，借款方

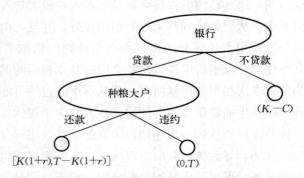

图 6-4　缺乏声誉机制下的种粮大户贷款博弈机制

得益为 $T-K(1+r)$；如果违约，银行损失了本金和利息，此时，收益为 0，而种粮大户则获得生产总收益 T。由于 $T>T-K(1+r)$，所以基于利益最大化考虑的种粮大户在第二阶段的纳什均衡是"违约"，"还款"承诺不可信。其次，逆推第一阶段分析银行决策，由于第二阶段借款方获得贷款后会选择"违约"，银行在第一阶段放贷的得益也就可以确定为 0，那么与银行不放贷下的得益 K（$K>0$）相比，银行会选择不放贷。综合上述分析，引入信用评分前贷款两阶段动态博弈存在一个子博弈纳什均衡，即银行在第一阶段选择不放贷；若银行"贷款"，则借款者在第二阶段选择"违约"。说明在缺乏声誉机制及重复博弈的约束下种粮大户贷款存在较高的风险，因而出现银行"惜贷"，借款方贷款获取受阻。

第二，引入声誉机制后的博弈分析。

多家银行引入声誉机制，引用信用指标，继续通过博弈模型解读贷款供需双方情况。

引入信用评分后，种粮大户的贷款出现违约，银行就会将其贷款违约录入到借款人的信用记录中，以便在借款方下次申请贷款时能够通过信用评分反映其信用状况，以防范以后的潜在损失（potential loss），此时，收益为 P，且大于 0。若银行没有采取及时更新信用记录的办法进行信贷风险管理，那么银行将会损失所有的贷款本息，收益为 0。对于资金需求方来说，信用评分更新将会导致借款方信用评分下降，当该种粮大户再次向该银行或向其他银行申请贷款的时候，就会遭到拒绝，从而产生较大的机会成本 C'，获得实际收益是 $T-C'$，此时，具体分析博弈的结果（博弈过程见图 6-5）如下：

首先，分析第三阶段银行更新评分后，一定会更新信用记录，以防范接下

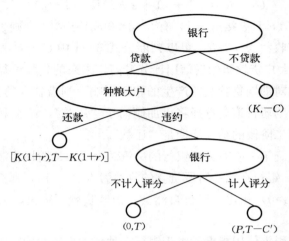

图 6-5　增加声誉机制的种粮大户贷款博弈机制

来重复的风险，鉴于此，评分更新后的威胁是可信的，在该阶段银行的纳什均衡策略下，双方确定的得益为（P，$T-C'$）。

其次，分析第二阶段种粮大户的抉择与前一次博弈相似的是，如果履约还款则银行收回贷款本息 $K(1+r)$，此时种粮大户的收益为 $T-K(1+r)$；若选择违约，根据第三阶段推导的结果，种粮大户的得益为 $T-C'$。因此，做出何种选择的关键在于 C' 与 R 的相对大小。如果 $C'>R$，违约成本过高，此时，种粮大户会履约；反之，则会违约。C' 反映了该种粮大户违约后向其他银行申请贷款时被重复拒绝所产生的预期损失，为未来各期机会成本 C_t（$t=1$，2，3，…，n，$n\to\infty$）的现值之和，假如贴现因子为 δ（$0<\delta<1$，且 δ 接近于 1），δ' 表示贴现因子一阶导数，则可以用公式 6-2 表示如下。

$$C' = C_1 + \delta' C_2 + \cdots + \delta^{n-1} C_n = \sum_{t=1}^{\infty} \delta^{t-1} C_t \qquad (6-2)$$

借款者在违约后向任一家银行申请贷款都可以看作是向同一家银行贷款的重复博弈（各个银行均使用了信用指标放贷），所以可以认为 $C_1=C_2=C_3\cdots$ $C_t=C$（$t=1$，2，3，…，n），那么无限次重复博弈的机会成本的现值近似值表示为公式 6-3。

$$C' = C/(1-\delta) \qquad (6-3)$$

将公式 6-1 带入公式 6-3 得 $C' = (T-\beta R)/(1-\delta)$ 表达式。

因此，有公式 6-4。

$$C' - R = [T - (1 + \beta - \delta)R]/(1 - \delta) \qquad (6-4)$$

由于 $0 \leqslant \beta \leqslant 1$，且 δ 接近于 1，有 $\beta - \delta < 0$ 或 $|\beta - \delta| \approx 0$ 则 $1 + \beta - \delta \leqslant 1$；另外，借款人生产收益为 $T > R$，可以判断公式 6-4 中 $C' - R$ 大于 0，即 $C' > R$。若考虑种粮大户贷款履约后信用评分升高，未来的贷款可得性会增加，未来预期收益增加对即期贷款收益产生的积极影响，则借款方的收益也会增高，因而在该阶段合约履行策略选择将更加倾向于"还款"，站在利益最大化的角度，借款方在第二阶段的纳什均衡是"还款"。

最后，逆推到第一阶段分析银行的决策。由于第二阶段借款者获得贷款后会选择"还款"，银行在第一阶段贷款的收益为 $K(1+r)$，那么与银行不贷款下的得益 K（$K > 0$）相比，银行自然会作出"贷款"决策，为其在第一阶段的纳什均衡策略。

综上所述，引入信用指标后由于银行在种粮大户违约后会采取更改信用评分这一策略，导致违约借款者面临声誉机制约束下的重复博弈，改变了违约的长期得益。出于长期利益最大化考虑，还款成了最终的选择，相应的银行在第一阶段选择贷款，整个贷款过程的信贷风险降低，提高了贷款获取的可能。

第二节　种粮大户与其他种植业经营主体样本特征概述

本节站在异质性的角度，对种粮大户和其他种植业经营主体的生产经营数据进行简要统计分析，以此来初步展示调研需求方的生产经营特点，以期为后文异质性角度下种粮大户贷款获取结果（贷款可得性研究部分）的分析做出铺垫。

一、资产规模不大

本节描述的种植业经营主体（包括种粮大户）的资产规模指的是固定资产和家庭存款等金融资产，本次调研的 802 个种植业经营主体的资产情况如表 6-1 所示。由表可知，种植业经营主体的资产规模大致集中在 100 万元以下，其中拥有 30 万元以下资产的种植业经营主体占比 43%，资产为 30 万～100 万元的种植业经营主体占比 45.4%，资产规模超 100 万元的占比为 11.6%。种植业经营主体（包括种粮大户）的资产有一定的规模，但是与城市中公司组织和家庭等通常超过百万元的资产规模相比，资产规模有限。

表6-1　种植业经营主体资产规模情况

项目	<30万元	30万～100万元	>100万元
主体数量（户）	345	364	93
占比（%）	43.0	45.4	11.6

数据来源：根据调研数据整理而得。

二、拥有良好的信用记录

调研的802户样本的信用指标可根据银行评级情况划分为四个等级（根据银行内部资料得到的划分等级），分别为优秀、良好、中等、差等。根据调研可知，很多银行都表示信用记录是种植业经营主体获得贷款的关键因素，有的银行如哈尔滨银行等甚至会对信用不佳的借贷主体行使信用记录的一票否决权，将信用不好的借款者直接排斥在金融服务之外，信用好的种植业经营主体会得到定制贷款的权利，根据农村信用合作社等金融机构的具体操作，目前在一些县区的农村信用合作社，也可能对信用极好的种植业经营主体实行信用贷款的模式。调研主体的信用情况如表6-2所示，有164个种植业经营主体信用评级为差等，占比约1/5，表明在农村仍旧存在一定比例的种植业经营主体存在违约和不重视信用记录的情况。种植业经营主体的大体信用评级都在中等以上，占比79.6%，其中良好的居多占比44.1%，优秀的占比26.9%，信用记录优良的种植业经营主体占比71%，表明种植业经营主体的整体信用情况不错，大多数样本拥有良好的信用记录。

表6-2　种植业经营主体信用情况记录

项目	优秀	良好	中等	差等
主体数量（户）	216	353	69	164
占比（%）	26.9	44.1	8.6	20.4

数据来源：根据调研数据整理而得。

三、需要较高的贷款额度

本部分对调研样本需要贷款的具体数值进行简要描述，种植业经营主体若申请贷款，对贷款的额度都会有一定的要求，但是根据与金融机构的座谈情况来看，一些种植业经营主体在申请贷款时依旧存在着对贷款认识不清的情况，部分种粮大户和其他种植业经营主体认为金融机构有义务甚至必须给予贷款的发放。根据调研情况可知，贷款申请额度如表 6-3 所示，种植业经营主体需要贷款的额度集中在 30 万元以下，10 万～30 万元贷款需求额度的种植业经营主体占样本总数的 50％以上，贷款需求额度超过 20 万元的种植业经营主体占比接近 35％，超过 30 万元的高额借款也有一定的比例，占比为全部样本的 1/5。根据调研实际，种植业经营主体（包括种粮大户）收入大多集中在 50 万元以下，为 617 户，占比 76.9％（由调研数据整理得出），由此可知，种植业经营主体大多贷款需求额度较高。

表 6-3　种植业经营主体需要贷款额度情况

项目	＜10 万元	10 万～20 万元	20 万～30 万元	＞30 万元
主体数量（户）	223	301	118	160
占比（％）	27.8	37.5	14.7	20.0

数据来源：根据调研数据整理而得。

四、老龄化趋势明显

本部分对调研样本的实际经营决策者的年龄层次进行统计，根据调研情况可知，种植业经营主体具体年龄层次如表 6-4 所示。由表可知，种植业经营主体户主年龄在 30 岁以上的有 651 人，其中将近一半的户主年龄超过 50 岁，占总样本的比例为 41.9％，年龄层在 30 岁以下的户主为 151 人，占比 18.8％，由此可知种植业经营主体户主年龄大，呈现老龄化的趋势。

表 6-4　种植业经营主体经营决策者的年龄分布情况

项目	＜30 岁	30～50 岁	＞50 岁
主体数量（人）	151	315	336
占比（％）	18.8	39.3	41.9

数据来源：根据调研数据整理而得。

五、家庭声誉情况良好

本部分对调研样本的家庭声誉进行介绍，此处的家庭声誉对于合作社来说称为社会声誉，银行等金融机构也会对该指标有所关注（根据调研银行信贷内部资料得到），声誉反映种植业经营主体受到公众的信任及认可程度，在社会学、心理学和经济学研究中声誉管理的重要性不容忽视。对种植业经营主体的声誉一般采用入户调查的方式进行，农村金融机构会定期下村对借款主体进行入户调研，采取访谈和侧面走访（如与村干部座谈、邻里打听的形式）进行经营主体声誉情况的调查，其目的是了解种植业经营主体的信用情况、家庭口碑等综合特征情况。本次调研的实际情况为，家庭声誉不佳的种植业经营主体为273 家，占比34.0%；家庭声誉较好的经营主体是529 家，占比66.0%。由此可知，种植业经营主体的整体口碑不错，也侧面反映出农村熟人社会中，种植业经营主体比较重视家族声誉和维护个人整体形象。

六、近 3 年贷款获取率逐渐提升

对种植业经营主体获贷率进行分析（表 6-5），发现近 3 年来，各类种植业经营主体正规贷款获取率逐年提升。其中 2017 年样本（802 家）贷款获取率为 63.7%，该数值在经历了 2018 年的较小涨幅后，到 2019 年进行计算后发现，样本正规贷款获贷率增加到 72.7%。以上结果从需求方的角度说明在正规金融竞争日益激烈的当下，种植业经营主体的贷款获取水平呈现逐年提升的态势，农村金融供给增加了其贷款获取率。

表 6-5 种植业经营主体的贷款近 3 年贷款获取率

年份	种植业经营主体获贷率（%）
2017	63.7
2018	65.8
2019	72.7

数据来源：根据调研数据整理而得。

第三节 种粮大户贷款获取结果（贷款可得性研究部分）的实证分析

一、数据来源

本节数据依旧选择第四章提及的黑龙江省"两大平原"的调研数据，对选择申请贷款的 389 户种粮大户进行分析，本节会针对贷款申请样本进行贷款获取与否的分析。另外，本书研究的目的之一是在金融竞争日益激烈且种植业经营主体获贷水平有所提升的背景下进行异质性的对比研究，找到种粮大户正规贷款获取的"位置",因此,本部分的研究还会引入其他的种植业经营主体,如农民专业合作社、家庭农场、小农户。根据调研情况来看,农民专业合作社中 93 家有申贷行为;家庭农场中有 119 户有申贷行为;小农户中有申贷行为的有 201 户。本部分共研究 802 个样本。

二、变量的选择与研究假设

(一)变量的选择

根据前文分析和文献梳理可知,种粮大户的贷款获取结果(单独看贷款获取结果研究的其中一部分,不包括贷款获取结果评价部分)可分为两个阶段,第一阶段为种粮大户贷款获得与否即"是否借",传统文献一般用"可得性"的概念表示;第二阶段是对种粮大户贷款获取的数量进行探讨即"借多少",用贷款缺口进行分析。结合金融机构放贷实际,可以得到种粮大户贷款获取阶段的基本流程,如图 6-6 所示。

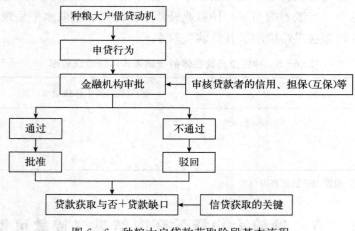

图 6-6 种粮大户贷款获取阶段基本流程

研究发现影响种粮大户贷款获取与否的因素基本集中在抵押担保类因素、资产收入类因素、自身特征因素等方面。资产收入类因素和自身特征因素不用过多赘述,资产收入类因素是各个银行等金融机构放贷较为看重的贷款保障,前文中对种粮大户贷款借贷动机分析中也提到了,没有偿还能力的贷款是无效的。根据调研可知,银行也会将种粮大户户主特征因素作为侧面勾勒其贷款偿还能力的辅助因素。在探究农户贷款获取问题的中介效应等方面,会对关键变量进行重点解读。

根据前文的文献综述可以得到已有研究对影响贷款获取结果（贷款可得性研究部分）的因子选择，简要对相关因素进行以下介绍。马微等（2014）对贷款获取与否和贷款缺口进行研究，研究将代表性因素分类，分别为家庭特征变量、抵押条件变量、社会资本变量等。具体变量有农户的社会学特征变量如年龄、家庭劳动力、受教育水平，以及抵押担保情况、贷款的额度用途、农户的相邻关系等。也有研究关注了借款合同变量进行，提出了贷款利率也会影响农户贷款的获取与否。此外，研究也囊括了农户的财务性指标，农户收入的主要来源也可能影响贷款的获得性。范香梅等（2012）提出农户的种植规模属于农户的社会资本变量，也可能影响贷款的获得性。林乐芬等（2016）提及了贷款金融产品变量、农户经济变量，如农户收入、固定资产、家庭负债、征信等变量。此外，汪昌云等（2014）同样认为贷款可得性的衡量不能忽略贷款获取的数量，文章选择了与农户生活密切相关的外出打工因素和农业机械化因素作为控制变量，还选择了一些控制变量，如年龄、婚姻状况、村庄人均纯收入、亲友是否在金融机构任职等，以及一些变量，如风险偏好程度、所处地区虚拟变量等，具体因素选择见表6-6。

表6-6　已有研究障碍因子的简要概括总结

变量类别	关键影响因素
家庭特征变量、抵押条件变量、社会资本变量、合同内容变量等主要核心解释变量和控制变量	性别、受教育程度、劳动力、社会关系变量等
	资产规模、经营规模、总收入、总负债、信用记录、信用环境变量、抵押担保等
	与金融机构间的交通情况，对金融机构贷款过程以及服务的整体感知变量、利率水平、地区虚拟变量等

注：根据梳理文献情况而得。

本书基于以上文献的总结，结合理论和调研得到的具体情况（分析所需资料包括与种植业经营主体座谈得到的资料和与金融机构座谈得到的银行内部资料），将目前得到影响种植业经营主体贷款获取的障碍因子分为信用特征变量、家庭特征变量、贷款合同变量、经营主体决策者个人特征变量几类。本书将具体的变量选择表示如下。信用和担保特征变量：信用记录，本村信用环境，是否有抵押担保（主要为互保贷款模式），是否有外债、借款或其他非正规金融逾期。家庭经济特征变量：年总收入、经营规模、资产规模（包括固定资产和家庭存款等金融资产）、近3年内是否获得过正规金融机构贷款。合同内容变量：利率水平、需要的贷款额度。个人特征：年龄、家庭声誉、最近金融机构的距离、收入的主要来源、是否有亲友在金融机构任职。另外，本部分的研究重点是种粮大户的贷款获取结果中有关贷款获取与否的问题，引入了其他经营主体进行对比分析，鉴于此，也设置了分类变量进行研究。每一部分的具体指标和理论假设见表6-7。

表6-7　种粮大户和其他种植业经营主体贷款获取的障碍因子的选择

变量类别	障碍因子
信用和担保特征变量	信用记录，本村信用环境，是否有担保（主要为互保贷款模式），是否有外债、借款或其他非正规金融逾期
家庭经济特征变量	年总收入、经营规模、资产规模（包括固定资产和家庭存款等金融资产）、近3年内是否获得过正规金融机构贷款
合同内容变量	利率水平、需要的贷款额度
个人特征（控制变量）	年龄、家庭声誉、最近金融机构的距离、收入主要来源、是否有亲友在金融机构任职
分类变量	经营主体类型：小农户、种粮大户、家庭农场、农民专业合作社

（二）变量的解释

1. 信用和担保特征变量

信用是借贷双方关注的指标。根据调研可知，在申请农业贷款时，大多数种粮大户采用了互保的贷款模式（占种植业经营主体调研样本85%以上），有些第三方担保机构也会参与贷款活动，贷款合约的缔结少不了信用的作用。同样，站在金融机构的角度，以农村信用合作社为支农贷款主力的黑龙江省农村地区，农村信用合作社对种植业经营主体的信用等级评定非常重视，信用指标是很多金融机构关注的首要指标。因此，本书决定选择以下信用和担保类指标：信用记录，本村信用环境，是否有担保（主要为互保贷），是否有外债、借款或其他非正规金融逾期。

2. 家庭特征变量

种粮大户多从事涉农经营，家中的收益大多源自生产所得，这些收益是种粮大户生存的根本，也是种粮大户申贷的资本保证。站在金融机构的角度，银行一般认为较高收益和资产储备的种粮大户及其他种植业经营主体往往具备有效的清偿债务的能力，给这样的种植业经营主体放贷金融机构的风险低，可保障收益。此外，近3年来是否获得过正规金融机构的贷款不仅可以反映出种植业经营主体的借贷历史信用，也可反映种植业经营主体经济实力。鉴于此，以上变量都可能影响种粮大户和其他种植业经营主体贷款的获取。

3. 合同内容变量

种粮大户需要的贷款额度反映种粮大户的贷款需求，银行则会通过审慎的原则衡量种粮大户和其他种植业经营主体申贷的额度是否合理，并综合评价该种植业经营主体的风险指标、信用情况、担保情况、资产情况等，决定是否给需求方发放贷款，总而言之银行不是慈善机构，不能漫无目的地随意放贷，该变量可能影响种植业经营主体贷款的获取。此外，根据已有文献可知，由于利率的高低直接影响种植业经营主体还款利息的多少，表示借贷的成本，因此，利率水平也可能影响种粮大户和其他种植业经营主体的贷款获取。

4. 个人特征（控制变量）

本书根据以往的研究经验和实际调研的基本情况，选择了种粮大户及其他种植业经营主体的户主（负责人）个人特征作为控制变量。具体解释如下，在个人禀赋层面，种植业经营主体决策者的年龄可能影响其贷款的获取，从调研中不难看出，涉农贷款对户主年龄有所限制，当年龄达到一定程度之后（一般银行要求是 60 岁），种植业经营主体的偿债能力被认为出现很大程度的下降，正规金融机构会将该类种粮大户和其他种植业经营主体"排斥"在外，不对其放贷。因此，年龄可能会左右贷款的发放。另外，种植业经营主体的声誉也需要考虑，声誉反映的是种植业经营主体的信誉和遵纪守法的程度，正规金融机构以声誉作为一种衡量借款方信用、守法与否的辅助性、综合性的特征指标，反映种植业经营主体的公众信任及认可程度，在社会学、经济学等研究中声誉管理的重要性不容忽视，若种植业经营主体的声誉好，其贷款获取的概率就可能高。在社会资源特征方面，种植业经营主体是否有亲友在金融机构任职，反映种植业经营主体的社会资源背景，如果有亲友在金融机构任职，其获得的信息可能更及时，或者可能获得额外的有利信息，因此，该项因素也可能影响贷款的获取。

（三）研究假设

假设 1，信用记录会影响种粮大户和其他种植业经营主体的贷款获取结果（贷款可得性研究部分），且信用记录好的种植业经营主体更容易获取贷款。

假设 2，是否有担保（互保）会影响种粮大户和其他种植业经营主体的贷款获取结果（贷款可得性研究部分），且有担保（本书主要是互保模式）的种植业经营主体更易获取贷款。

假设 3，是否有外债、借款或其他非正规金融逾期会影响种粮大户和其他种植业经营主体的贷款获取结果（贷款可得性研究部分），且外债、借款或其他非正规金融逾期的种植业经营主体会更难获取贷款。

假设 4，年总收入会影响种粮大户和其他种植业经营主体的贷款获取结果（贷款可得性研究部分），且总收入越高的种植业经营主体贷款越容易获取贷款。

根据以上叙述，将变量描述展示如下，见表 6-8。

表 6-8　具体选择的因变量与自变量的名称与解释

变量名称	变量解释
Y	贷款获取与否
X_1	信用记录
X_2	本村信用环境
X_3	是否有担保（主要为互保贷款模式）
X_4	是否有外债、借款或其他非正规金融逾期
X_5	年总收入
X_6	经营规模
X_7	资产规模
X_8	近3年内是否获得过正规金融机构贷款
X_9	利率水平
X_{10}	需要的贷款额度
X_{11}	年龄
X_{12}	声誉
X_{13}	最近金融机构的距离
X_{14}	收入主要来源
X_{15}	是否有亲友在金融机构任职
X_{16}	经营主体类型：小农户、种粮大户、家庭农场、农民专业合作社

三、种粮大户贷款获取结果的 Logistic 模型构建

本部分对种粮大户的贷款获取结果（贷款可得性研究部分）影响因素进行分析，因变量为贷款获取与否，是一个二分变量，分别为贷款获取和贷款未获取，可用二元 Logistic 模型进行影响因素的筛选，同时，引入其他种植业经营

主体与种粮大户进行比较分析，引入经营主体类型分类变量（将各类种植业经营主体都囊括到研究中来），应用模型见公式 6-7。

$$\ln\left(\frac{P_i}{1-P_i}\right) = \beta_0 + \sum \beta_j x_{ij} + \varepsilon \qquad (6-7)$$

式中，P_i 表示第 i 个种植业经营主体（包括种粮大户）贷款获取的概率，$1-P_i$ 表示第 i 个种植业经营主体不获取贷款的概率，x_{ij} 表示第 i 个种植业经营主体相关因素变量，β_j 表示影响因素所对应的参数估计值，β_0 表示常数项，ε 表示误差项。

模型的描述性统计见表 6-9。

表 6-9　模型的描述性统计

变量名称	变量解释	定义	平均值	标准差
Y	贷款获取与否	0=未获得；1=获得	0.640	0.480
X_1	信用记录	差=1；中=2；良=3；优=4	2.770	1.060
X_2	本村信用环境	差=1；中=2；良=3；优=4	2.790	1.038
X_3	是否有担保（主要为互保贷款模式）	否=0；是=1	0.640	0.480
X_4	是否有外债、借款或其他非正规金融逾期	否=0；是=1	0.410	0.492
X_5	年总收入	真实值	44.500	71.321
X_6	经营规模	真实值	351.100	467.216
X_7	资产规模	真实值	91.740	191.635
X_8	近 3 年内是否获得过正规金融机构贷款	否=0；是=1	0.740	0.441
X_9	利率水平	真实值	0.060	0.014
X_{10}	需要的贷款额度	真实值	20.380	27.248
X_{11}	年龄	真实值	45.470	11.801
X_{12}	声誉	0=不好；1=好	0.660	0.474
X_{13}	最近金融机构的距离	真实值	9.260	3.675
X_{14}	收入主要来源	0=非农经营；1=农业经营	0.920	0.265
X_{15}	是否有亲友在金融机构任职	否=0；是=1	0.480	0.500
X_{16}	经营主体类型：小农户、种粮大户、家庭农场、农民专业合作社	1=小农户；2=种粮大户；3=家庭农场；4=合作社	2.130	0.920

注：由 SPSS 软件输出结果整理而得。

四、种粮大户贷款获取结果（贷款可得性研究部分）的实证结果分析与"逆"精英俘获结果理论和现实解析

本部分运用 r3.6.3 版本 Rstudio 软件 stats 包中的 glm 函数对种粮大户贷款获取与否影响因素进行分析，考虑到应用方法的规范性，首先会对选择的影响因素进行单变量回归分析，进行变量的初步筛选，得到需要的贷款额度、年龄、最近金融机构的距离、是否有亲友在金融机构任职不显著。因此，在多元回归中剔除。其次，考虑到变量之间可能存在多重共线性，因此，在进行多元回归之前，还需要进行多重共线性检查。以 VIF 方差膨胀因子作为判断标准，一般而言，该值大于 5 可以认为存在较高的多重共线性，本部分运用 Rstudio 软件 car 包进行运算，多重共线性检验结果如表 6 - 10 所示。

表 6 - 10　模型的多重共线性检验

变量	VIF
信用记录	1.361
本村的信用环境	1.424
是否有担保（主要为互保贷款模式）	1.107
是否有外债、欠款或其他非正规贷款逾期	1.070
年总收入	1.282
经营规模	5.350
资产规模	1.614
近 3 年内是否获得过正规金融机构贷款	1.110
利率水平	1.061
需要的贷款额度	1.238
年龄	1.057
声誉	1.039
最近金融机构的距离	1.017
收入主要来源	1.114
是否有亲友在金融机构任职	1.016
经营主体类型：小农户、种粮大户、家庭农场、农民专业合作社	1.902

注：由 Rstudio 软件输出结果整理而得。

由上表可以看出，经营规模的 VIF 值大于 5，说明该变量存在多重共线

性，因此，在多元回归模型中需要剔除。

经过单变量回归分析及多重共线性检查，在剔除存在多重共线性变量和单变量不显著变量后，选择剩下的变量构建二元 Logistic 模型，并输出结果如表6-11 所示。由此可得出初步结果：信用记录显著正向影响种粮大户和其他种植业经营主体的贷款获取结果（贷款可得性研究部分）；是否有担保（主要为互保贷款模式）显著正向影响种粮大户和其他种植业经营主体的贷款获取结果；是否有外债、欠款或其他非正规贷款逾期显著负向影响种粮大户及其他种植业经营主体的贷款获取结果；年总收入显著正向影响种粮大户和其他种植业经营主体的贷款获取结果。由经营主体类型的分类变量结果可知，对于种粮大户来说，小农户、家庭农场和农民专业合作社均比较容易获取贷款，且得到分类变量的获贷顺序为种粮大户＜小农户＜农民专业合作社＜家庭农场，产生"逆"精英俘获的结果。

表 6-11　种粮大户和其他经营主体贷款获取的多元回归结果

变量	系数	标准误	P	OR
信用记录	1.401***	0.154	<0.001	4.061
本村的信用环境	0.221	0.151	0.143	1.247
是否有担保（主要为互保贷款模式）	0.925***	0.249	<0.001	2.523
是否有外债、借款或其他非正规贷款逾期	−1.013***	0.241	<0.001	0.363
年总收入	0.010***	0.003	<0.001	1.010
资产规模	−0.002	0.001	0.101	0.998
近 3 年内是否获得过正规金融机构贷款	−0.393	0.272	0.149	0.675
利率水平	6.758	8.028	0.400	860.800
声誉	0.512*	0.264	0.053	1.669
收入主要来源	−0.516	0.493	0.295	0.597
经营主体类型（参照种粮大户）				
小农户	1.779***	0.329	<0.001	5.923
家庭农场	2.389***	0.405	<0.001	10.900
农民专业合作社	2.182**	0.688	0.002	8.864

注：根据 Rstudio 软件输出结果整理而得；***表示 $P<0.01$，**表示 $P<0.05$，*表示 $P<0.1$。

具体来解释，借贷主体的信用因素显著影响种粮大户和其他种植业经营主体的贷款获取结果，该结论的产生也与实际情况相符，信用是衡量经营主体能否守约的基本道德层面的因素。近些年，随着央行征信体系逐步完善更新，该变量逐渐成为贷款发放中举足轻重的因素，没有良好信用的种植业经营主体会降低金融机构放贷积极性，甚至有些银行会根据信用因素的优劣对申贷主体行使一票否决权，因此，该类指标对贷款获取结果有显著影响。拥有高收入的种植业经营主体，拥有一定数量的资金收益，该种收益是银行回收贷款的保证，因此，该项指标也显著影响种粮大户和其他种植业经营主体的贷款获得。是否有担保（主要为互保贷款模式）因素也显著影响种粮大户和其他种植业经营主体贷款的获取结果，根据银行的反馈情况来看，有效的担保给贷款偿还增加了保证，增加了放贷的可能。是否有外债变量也影响了借贷主体贷款的获得，银行也会在一定程度上考虑外债对正规借款还款的影响，对于有外债的种植业经营主体采取审慎放贷的态度，因此，该项指标也显著影响贷款获取结果。

根据调查研究和现实情况，结合担保理论对"逆"精英俘获结果进行分析，收入水平越高的种植业经营主体越容易得到贷款，因此，家庭农场和农民专业合作社较种粮大户容易取得贷款是可解释的，本部分主要针对小农户贷款获取概率高于种粮大户进行简要分析。迄今为止银行还是看重担保这种传统的分散风险的方式，以小农户为例，种植规模小，需要贷款的额度低，有效的担保（小农户一般也采用互保的贷款形式）很容易让小农户们达到银行的放贷标准，而随着农村信用体系逐步完善，小农户也格外重视信用，通过调研过程中的采访发现，小农户普遍反映不会因为较低额度的贷款而破坏未来的获贷机会，因此，小农户在思想上倾向于履约，进而较种粮大户容易获得贷款。

进一步结合担保理论来分析，首先，对家庭农场和种粮大户贷款进行分析，引入了担保（本书调研地区的种粮大户和家庭农场基本采用互保的贷款模式）作用之后，假设家庭农场最初位于图6-7中点A的位置，其初始信贷风险为V_A，初始贷款利率为R_A，此时从银行的角度由于信贷风险高于风控标准线V_0而不会进行贷款供给。同理，此时的种粮大户位于B点的位置，对应的风险水平是V_B的情况（由调研和上文的分析可知家庭农场的收入普遍较种粮大户高，设家庭农场收入为I_A，种粮大户收入为I_B，此时$I_A>I_B$，且运行较种粮大户稳定规范），由此可知，在其他条件一定的前提下，图中V_A距离风控线的相对距离较小，ΔA小于ΔB，此时，引入担保（互保）作用，家庭农场很容易在担保的机制的作用下，降低风险达到风控线以下的标准，而种粮大户则相对于前者无比较优势。

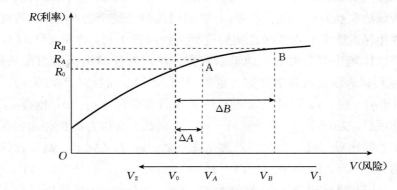

图 6-7　家庭农场和种粮大户信贷担保（互保）功能解释

　　同理，对小农户和种粮大户进行贷款分析，依旧是引入担保（互保）作用之后，由调研实际情况可知，小农户具备小规模经营且资金需求低的特点，银行普遍反映其对应的风险水平较种粮大户低，假设小农户位于点 C 的位置，对应的风险水平为 V_C，其相对风控线的距离依旧小于种粮大户相对于风控线的标准，当其他条件不变时，增加担保（互保）之后，V_C 也很容易降低到 V_0 的左侧，因而使得小农户贷款相较于种粮大户容易获取，具体情况如图 6-8 所示。

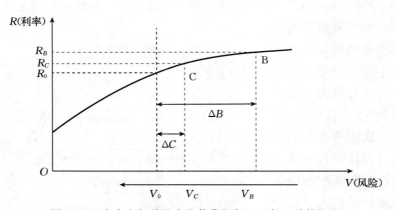

图 6-8　小农户与种粮大户信贷担保（互保）功能解释

　　此外，可以结合担保理论解释担保作用于贷款过程中的效果（图 6-9 简单反映担保的作用效果）。进行担保原理的推导分析，假设各类种植业经营主体最开始的自有资金仅为 0，拟通过正规贷款对农业项目进行投资，若项目投资成功则按照贷款合约进行履约。贷款额度为 L，利率为 r。项目成功的概率为 P，若成功收益为 Q，收益率为 q；失败时的剩余资金为 0，借款者可以提供的抵押担保价值为 C 需要考虑担保受到各种因素干预，令 $0<C<L$。如果农村的贷款市场中只有两方，即借贷双方，在没有任何担保的前提条件时，π_B、π_E 就可以表示银行和借款方二者的利润，则有，$\pi_B=LP(1+r)$，$\pi_E=LP[(1+q)-(1+r)]$。作为金融机构的银行要保证收益>0，则要 $\pi_B>L$，银行挑选项目成功概率为，$P>1/(1+r)$。若借款方提供合适抵押和担保，在贷款市场上同样只有银行和农户双方主体，π_B、π_E 含义同上，则双方的支付函数分别为，$\pi_B=LP(1+r)+(1-P)C$，$\pi_E=LP[(1+Q)-(1+r)]-(1-P)C$，若银行依旧要保证收益为正，则 $\pi_B>L$，银行选择项目的成功概率为 $P>(L-C)/[L(1+r)-C]$。再讨论专业担保机构（一般是合作社贷款采用该种担保模式）的情况，在第三方担保者加入的条件下，贷款市场有三个主体，π_B、π_E 与上文含义相同，引入 π_C 表示担保机构的利润，φ 为担保费率，则有，$\pi_B=LP(1+r)$，$\pi_E=LP[(1+q)-(1+r+\varphi)]-(1-P)C$，$\pi_C=LP\varphi+(1-P)[L\varphi+C-L(1+r)]$，此时，对于任意贷款请求，银行的收益均能达到 $\pi_B>L$，若 $\pi_C>0$，此时担保机构选择项目的成功率 $P>[L(1+r-\varphi)-C]/[L(1+r)-C]$。因此，贷款担保可以使得一些农业项目达到银行等金融机构的放贷要求。根据上述分析，可以进一步得到 $1/(1+r)>(L-C)/[L(1+r)-C]$。在没有任何担保的情况下，种植业经营主体（种粮大户等）的产量和成功的概率就要有所保证，银行会根据实际情况增加贷款门槛。而在有担保的前提下，农业生产可以有一定的损失，成功率不高的前提下也可以让银行回笼资金，因此，在该种前提条件下，银行是扩大了放贷范围的。只要担保人承诺

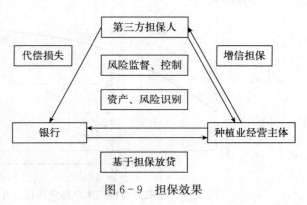

图 6-9　担保效果

为农业生产作保，那么，生产收益可以忽略不去考虑，即可以忽略项目的成功与否，进一步降低了贷款的准入门槛。比较上述情况的银行收益，可知 $LP(1+r)<LP(1+r)+(1-P)C\leqslant L(1+r)$，由此可知担保作用于银行收益

来说是正向的，担保促进银行收益的获得，进而有利于银行放贷。

最后，对贷款担保（互保）作用结果结合同伴监督理论进行解释，结合现实情况来看，种粮大户等种植业经营主体很多都采用互保的形式参与贷款活动，该种放贷模式中还伴随着"同伴监督"的理论内容。也有人把同伴监督认为是一种作用机制，该概念引入农业借贷的通俗描述是，要求其他人监督种植业经营主体，如果借款方难以还债，则监督人需要支付一定的罚金。因此，互保合同的设计其实就是应用了该原理，假设每个借款方都有另一个主体为小组成员，他们每个人都有耕作的任务，且任务分别独立，两个种植业经营主体可以进行相互监督，银行的愿望是他们各自报告对方成员是否实施了高风险的决策，金融机构的目的就是促使每个借款的种植业经营主体对同伴进行有效监督，并且举报对方的恶意行为会对自己产生有利的作用。金融机构会设计一个同伴监督合同，在合同中约定如果签署了贷款协议，有违约发生时，其他没有违约的经营主体要支付罚金，在这样的情况下，如果希望签订合约的主体进行有效监督，那么首先需要合约设计得成功合理，防止一些互相监督的主体采取合谋的方式进行高风险种植项目的欺诈。组成的合约小组实质上就是一种合作关系，如果其中某一成员倾向于破坏合约，实质上相当于得到了一些补贴，当所有的成员都采取这种做法时，也就无法谈及补贴了，补贴自然而然地消失了。因此，风险相似的种植业经营主体会自行组成小组，这与现实相符，种植面积基本一致、种植收入基本一致的种植业经营主体共同形成互保小组，银行也会对互保小组的风险进行审核，保证这种共同监督的有效性。

五、交互模型结果与精英俘获理论贡献

（一）交互模型的结果分析

根据以上研究结果以及理论联系实际的推导，发现不同种植业经营主体的贷款获取结果存在差异，且担保（互保）这种贷款形式会对不同种植业经营主体的贷款获取结果产生影响，本部分会继续选择回归模型中显著的分类变量与本书的重点研究对象经营主体类型进行交互分析和比较，以期获得更多的结果解读，并更进一步探讨影响种粮大户和其他经营主体贷款获取的关键。一些变量如信用类变量，从调研中银行反馈的情况来看，银行重视种植业经营主体的信用信息，劣等征信记录甚至会导致一些银行对待客户贷款产生一票否决的结果，因此，对该项变量不进行过多解读。收入越高，在正常经营的前提条件下，种植业经营主体的净收益应该较高，借款方的经营能力强，贷款也就很容

易获得，因此，收入因素也不进行过多讨论。此外，声誉变量在10％水平上显著，且根据调研情况可知，声誉变量在种植业经营主体借款合同（银行审核贷款发放的主要材料，属于内部资料）中属于辅助变量，因此，本书仅选择是否有担保（主要为互保贷款模式）和是否有外债、借款或其他非正规贷款逾期两个变量进行交互模型分析。提出的研究假设：假设1，在控制了收入等纳入模型的其他变量时，在有担保（主要为互保贷款模式）的情况下，小农户比种粮大户更容易获得贷款，家庭农场比种粮大户更容易获得贷款；假设2，在控制了收入等纳入模型的其他变量时，在有外债的情况下，农民专业合作社比种粮大户难以获得贷款。

构建模型，如表6-12、表6-13所示，进一步对交互项结果进行简要解释：首先，经营主体类型和是否有担保（主要为互保贷款模式）之间的交互项，家庭农场显著，表明对于家庭农场这类经营主体来说，有抵押担保有助于增大其获得贷款的概率。其次，小农户和是否有担保（主要为互保贷款模式）之间的交互项也满足5％显著性水平，表明对于小农户而言，有担保（主要为互保贷款模式）有助于增大其获得贷款的概率。最后，对于农民合作社和是否有担保（主要为互保贷款模式）之间的交互项，其P值不满足5％显著性水平，并未得出有担保主要为互保贷款模式有助于增大其获得贷款概率的结论。

表6-12　是否有担保（主要为互保贷款模式）与农户类型的交互结果

变量	系数	标准误	P	OR
信用记录	1.413***	0.129	<0.001	4.108
是否有担保（主要为互保贷款模式）	0.171	0.308	0.578	1.187
是否有外债、借款或其他非正规贷款逾期	−1.280***	0.247	<0.001	0.278
年总收入	0.011***	0.003	<0.001	1.011
声誉	0.693**	0.272	0.011	1.999
经营主体类型（参照种粮大户）				
小农户	0.107	0.577	0.852	1.113
家庭农场	1.047**	0.516	0.042	2.850
农民专业合作社	1.097*	0.621	0.077	2.996
X3：X16 小农户	2.360***	0.684	<0.001	10.590
X3：X16 家庭农场	3.294***	1.169	0.005	26.950
X3：X16 农民专业合作社	0.356	0.819	0.664	1.428

注：由Rstudio软件输出结果整理而得；***表示P<0.01，**表示P<0.05，*表示P<0.1。

表 6 - 13 是否有外债、借款或其他非正规贷款逾期与农户类型的交互结果

变量	系数	标准误	P	OR
信用记录	1.543***	0.133	<0.001	4.680
是否有担保（主要为互保贷款模式）	0.984***	0.240	<0.001	2.675
是否有外债、借款或其他非正规贷款逾期	−0.764**	0.323	0.018	0.466
年总收入	0.011***	0.003	<0.001	1.011
声誉	0.552**	0.266	0.038	1.736
经营主体类型（参照种粮大户）				
小农户	2.143***	0.403	<0.001	8.524
家庭农场	2.085***	0.562	<0.001	8.042
农民专业合作社	2.350***	0.645	<0.001	10.490
X4：X16 小农户	−0.722	0.583	0.216	0.486
X4：X16 家庭农场	0.261	0.752	0.729	1.298
X4：X16 农民专业合作社	−2.172**	0.895	0.015	0.114

注：由 Rstudio 软件输出结果整理而得；***表示 $P<0.01$，**表示 $P<0.05$，*表示 $P<0.1$。

总体来看，对于小农户和家庭农场，有担保（主要为互保贷款模式）有助于增大其获得贷款的可能，模型结果验证了原假设，进一步证明了前文对"逆"精英俘获的解释。

农民专业合作社往往较种粮大户拥有较高的收入水平，对于银行来说其他条件一定时，自然会更愿意向农民专业合作社放贷，此外，农民专业合作社的经营规模较大也是一把"双刃剑"，过大的生产规模和部分农民专业合作社激进的扩张模式也会增加其风险的水平，因而，结合表 6 - 13 输出结果，可知银行会针对外债等因素评价农民专业合作社自身的风险水平进而放贷。在调研中可知，农民专业合作社大多数都会谨慎扩张和审慎处理外债，因此，综合以上理论和实证结果来看，农民专业合作社也较种粮大户具备一定获贷优势。

小农户、家庭农场与是否有外债、借款或其他非正规贷款逾期之间的交互项，农民专业合作社在 5% 的显著性水平上通过了检验，表明对于农民专业合作社来说，有外债、借款或其他非正规贷款逾期的农民专业合作社比有外债、借款或其他非正规贷款逾期的种粮大户难以获得贷款。根据前文研究可知，有担保（主要为互保贷款模式）的小农户和家庭农场对于有担保（主要为互保贷款模式）的种粮大户来说也容易获得贷款。由此可知，担保（主要为互保贷款

模式）对一些种植业经营主体具有显著的风险分散作用，结合实际情况来看银行会由于农民专业合作社风险大，而要求采用第三方担保机构介入的方式进行借贷，但是农民专业合作社中可以得到的第三方机构担保有限，银行在实际操作上会更加综合地考虑农民专业合作社的贷款问题，去化解经营面积过大的不确定性，比如关注于其负债的高低。

（二）精英俘获理论贡献

根据前文精英俘获的理论分析可知，在研究种植业经营主体时，精英一般指有一定规模种植面积和较高年收入的经营主体（强调的是经济精英），就是种植业规模较大且收入较高的新型农业经营主体，即种粮大户、农民专业合作社以及家庭农场，本书中的种粮大户属于农村精英的一分子，可在农业信贷领域运用自身优势对农贷市场的利益进行追逐，进而占有更多优质资源。

实际上，根据本书的研究结论，种粮大户在一定的条件下不具备俘获优质资源的能力且不会使得贷款（优质资源）被侵占，该条件基于本书的结论而产生，对精英俘获的内涵起到一个补充作用。根据本书的研究结果进行总结，基于传统的精英和精英俘获概念可知，精英在农贷研究中可以定义为收入较高的群体，一般指新型农业经营主体中正常运行的农民专业合作社、家庭农场以及种粮大户。但是，在一定的条件下，如引入互保因子的作用后，种粮大户的贷款获取优势不及小农户，其获贷精英的地位被撼动，进而在该种前提条件下不能发挥自身优势俘获更多的优质贷款资源。

第四节　种粮大户贷款获取结果（贷款缺口研究部分）的实证分析

一、数据来源

上一节已经对种粮大户的贷款获取结果（贷款可得性研究部分）进行了研究，根据调研实际可知，银行评价贷款获取结果（贷款可得性研究部分）和贷款缺口的因素一致，作用机制相同，本节不再对作用机制进行赘述。此外，根据调研种粮大户和金融机构，发现需求方在贷款申请的环节大多会较为客观地考虑其自身生产情况，审慎地进行贷款申请，以求达到资金的满足。上一节已经对包括种粮大户在内的种植业经营主体的总样本特征情况进行过分析，本章基于前文的研究，进一步研究种粮大户贷款获取的满足情况，简要对本部分运用的调研数据进行描述，前文阐述的数据来源和解释不加以赘述，重点对获取贷款的种粮大户（共 261 户）的贷款缺口进行分析并对种粮大户进行贷款缺口的实证。

第一，种粮大户有外债、借款或其他非正规贷款逾期的比例不高。对种粮大户外债情况进行分析，本书研究的外债、借款或其他非正规贷款逾期指标是除了正规金融机构贷款之外的其他借款资金逾期和未归还的情况，该指标反映种植业经营主体的偿债能力和还款信用。根据具体的问卷调查情况，可知种粮大户存在未归还外债情况的有 49 户，占比 18.8%，不足样本总量的 1/5，具体情况如表 6-14 所示，由此可知，种粮大户除贷款之外的其他借款归还履约情况良好，种粮大户的外债比例不高。

表 6-14　种粮大户外债情况

项目	有未归还外债	无未归还外债
人数（人）	49	212
占比（%）	18.8	81.2

数据来源：根据调研数据整理而得。

第二，种粮大户可承受的利率水平适中。对种粮大户可以承受的利率水平进行描述，如表 6-15 所示，调研地区正规贷款的利率水平不超过 8%，调研样本能够承受的利率水平基本集中在 5%～8%，人数有 120 人，占比最大为46.0%，能够承受 5% 以下的利率水平的种粮大户为 53 人，占比 20.3%，约为样本总量的 1/5，能够承受较高利率水平的种粮大户有 88 人，占比 33.7%，可承受的利率水平高于 8%。说明种粮大户可承受的利率水平集中在 5%～8%且较为适中。

表 6-15　种粮大户能承受的利率水平

能够承受的利率水平	人数（人）	占比（%）
5% 以下	53	20.3
5%～8%	120	46.0
8% 以上	88	33.7

数据来源：根据调研数据整理而得。

二、变量选择与研究假设

种粮大户贷款获取结果（贷款缺口研究部分）可以反映种粮大户贷款的满

足程度，一般情况下研究农户贷款获取结果（贷款可得性研究部分）的文献选择的影响因素与研究贷款获取结果（贷款缺口研究部分）的影响因素基本相同。根据实际调研情况和与银行的座谈可知，正规金融机构衡量种粮大户贷款获取结果（贷款可得性研究部分）的指标和贷款获取结果（贷款缺口研究部分）的指标基本一致，只不过在实际业务的操作中，银行会根据审慎性原则，针对不同的目标，对不同指标的关注度有所区别。因此，本部分不会重复相关作用机制讨论，研究的指标也会沿用前文影响因素的选择，下面对银行关注的一些可能影响种粮大户贷款缺口的指标进行阐述，并提出研究的假设。

第一，收入因素。由调研可知，种粮大户家庭的基本收入来源就是农业生产。作为银行来说，很大程度上会关注资金需求方的现金收益，特别是年总收入等是可以反映贷款主体经营能力的指标。鉴于此，年总收入很可能与银行放贷的额度相关。

第二，种粮大户的信用情况。从选择的变量中看，其中种粮大户的信用、本村的信用环境均能体现种粮大户自身信用情况和所属的信用环境，前文中已经多次强调了信用的重要性，信用好的主体，会珍惜自己的信用记录和各项评分，进而降低违约的可能，信用指标也往往是银行是否放贷的重中之重，因此，信用因素也可能影响贷款的投放量。

第三，种粮大户的抵押担保情况。银行在给予种粮大户贷款时，比较关注需求方是否有抵押和担保，在目前农业贷款的大环境下，很多种粮大户都采用互保的方式进行贷款，这样的贷款形式可以使得种粮大户们有效分散贷款的风险，对于银行来说也是一种化解违约风险的有效方法。因此，很多情况下，有效的担保（互保）可能是影响种粮大户贷款获取数量的因素。

第四，资产规模。正常情况下银行放贷都会考虑实物资产的有无，如城市中的购房贷款、购车贷款等，在进行农业生产类贷款时发放银行也会将借款方的一些机械、房屋等资产作为放贷标准。因此，该项指标也可能会显著影响之后的贷款缺口。

第五，种粮大户的贷款需求额度。种粮大户的贷款需求额度也可能影响其贷款缺口，期望贷款额度大，贷款的缺口会随之增加，银行不会违规发放贷款，更不会随意批准贷款额度，贷款发放额度一定是基于科学评价种粮大户偿付能力和违约风险之后再进行投放，因此，该项指标可能会与贷款缺口存在正相关。

综上所述，提出本部分的研究假设。

假设 1，种粮大户的收入影响种粮大户的贷款缺口，种粮大户收入越高其贷款缺口越小。

假设 2，种粮大户的信用水平影响其贷款缺口，种粮大户信用水平越高，其贷款缺口越小。

假设 3，种粮大户是否有担保（主要为互保贷款模式）影响其贷款缺口的大小，拥有担保（主要为互保贷款模式）的种粮大户贷款缺口小。

假设 4，种粮大户拥有的资产规模影响其贷款缺口，资产规模越大，贷款缺口越小。

假设 5，种粮大户需求的贷款额度影响其贷款缺口，额度越高，贷款缺口越大。

实证模型的相关变量定义和描述如表 6 - 16 所示。

表 6 - 16　种粮大户贷款获取结果（贷款缺口研究部分）变量描述

	变量	变量解释
因变量	Y	贷款缺口
自变量	X_1	信用记录
	X_2	本村信用环境
	X_3	是否有担保（主要为互保贷款模式）
	X_4	是否有外债、借款或其他非正规金融逾期
	X_5	年总收入
	X_6	资产规模
	X_7	近 3 年内是否获得过正规金融机构贷款
	X_8	利率水平
	X_9	需要的贷款额度
	X_{10}	声誉

三、种粮大户贷款获取结果（贷款缺口研究部分）的 Tobit 模型构建

本部分拟选用 Tobit 模型进行分析，Tobit 模型是指因变量虽然在正值上大致连续分布，但包含一部分以正概率取值为 0 的观察值的一类模型。也被称为截尾回归模型或删失回归模型（censored regression model），属于受限因变量（limited dependent variable）回归的一种。模型在 $Y_i > 0$ 时的概率密度函

数同多元线性回归方程，而 $Y_i \leqslant 0$ 时，将其分布归于某一点上，因此该模型为混合的分段模型。其中 X_i 定量解释变量，Y_i 是二元选择变量，α 常数项，β 为系数，ε_i 为随机误差项，模型可表述公式 6-9。

$$Y_i = \alpha + \beta X_i + \varepsilon_i \qquad\qquad (6-9)$$

下文应用 SPSS 21.0 软件对相关变量进行描述性统计分析，如表 6-17 所示。

表 6-17　变量的描述性统计分析

变量	变量解释	平均值	标准差
Y	贷款缺口	1.705	3.261
X_1	信用记录	3.330	0.712
X_2	本村信用环境	3.380	0.876
X_3	是否有担保（主要为互保贷款模式）	0.600	0.491
X_4	是否有外债、借款或其他非正规金融逾期	0.190	0.391
X_5	年总收入	24.690	8.924
X_6	资产规模	38.950	15.522
X_7	近3年内是否获得过正规金融机构贷款	0.720	0.450
X_8	利率水平	0.060	0.015
X_9	需要的贷款额度	13.290	6.645
X_{10}	声誉	0.900	0.295

注：由 SPSS 软件输出结果整理而得。

四、种粮大户贷款获取结果（贷款缺口研究部分）的实证结果分析

本部分使用 stata15 软件，对模型进行分析，具体的估计结果整理如表 6-18 所示。

表 6-18　模型结果

变量	系数	标准误	P	t
信用记录（X_1）	-2.183***	0.537	<0.001	-4.070
本村信用环境（X_2）	-1.028**	0.460	0.026	-2.230
是否有担保（主要为互保贷款模式）（X_3）	-4.674***	0.757	<0.001	-6.170

（续）

变量	系数	标准误	P	t
是否有外债、借款或其他非正规金融逾期（X_4）	−1.150	0.896	0.200	−1.280
年总收入（X_5）	−0.193***	0.052	<0.001	−3.740
资产规模（X_6）	−0.129***	−0.391	0.001	−3.290
近3年内是否获得过正规金融机构贷款（X_7）	0.266	0.806	0.742	0.330
利率水平（X_8）	20.308	36.677	0.580	0.550
需要的贷款额度（X_9）	0.396***	0.055	<0.001	7.220
声誉（X_{10}）	−0.462	1.139	0.685	−0.410

注：由 stata 软件输出结果整理而得。

根据表 6-18 模型结果进行具体分析，影响种粮大户贷款获取结果（贷款可得性研究部分）和贷款获取结果（贷款缺口研究部分）的相同因子如下。第一，种粮大户的信用记录（X_1）在 1‰水平上显著，且系数为负值，可知种粮大户的信用水平显著影响其贷款缺口。第二，种粮大户是否有担保（主要为互保贷款模式）（X_3）在 1‰的显著水平上通过了检验，且系数为负，证明种粮大户如若有担保（主要为互保贷款模式）缩小了贷款的缺口，该结果的产生与现实生活中的情况基本相符，有了互保的作用资金偿还就多了一重保障，在实际贷款发放的操作中，以农村信用合作社为主的农村金融机构非常关注借款方的担保（主要为互保贷款模式）情况，种粮大户互保贷款的关键就是借款人之间的风险互担和监督机制，促使银行放心地进行资金供给，因此，该指标也会影响种粮大户的贷款缺口。第三，种粮大户的收入水平（X_5）显著影响其贷款缺口，该指标的显著符合客观现实，从实际情况上来看，贷款缺口反映种粮大户贷款的满足程度，对于银行来说对应的是放贷额度，该额度要和种粮大户的偿债能力相匹配，而种粮大户的收入往往表现为生产所得的现金货币流动性强，银行也希望种粮大户可以通过现金的形式按时偿还贷款，避免固定资产处置烦琐的情形出现，因此，收入指标也反映了借款人偿债能力，该项指标对种粮大户缺口具有显著影响。

影响种粮大户贷款缺口和获取的不同因子如下。第一，资产规模（X_6）可能影响种粮大户贷款缺口，这里的资产规模主要指的是一些机械设备及其他固定资产，另外也包括金融资产等，若遇到无法还款的情况，资金供给方可以对于这两类资产进行处理变现，但是，由于农村的房屋、机器设备等固定资产价值不高，种粮大户自有金融资产不多的情况普遍存在，因此，银行在考虑是否放贷的情况时，并没有将最高的关注度放在该因素上。第二，需要的贷款额度（X_9）显著影响种粮大户贷款的缺口，且系数为正，说明种粮大户需要的贷款额度也要符合自身偿债能力。银行会根据种粮大户的实际情况，酌情并审慎地向种粮大户放款，银行是以营利为目的金融机构，不可能满足所有的贷款需求，只有在符合规定的前提条件下，银行才可能放款。因此，过高或者不切合实际的贷款额度会拉大贷款的缺口，造成贷款的满足程度降低。第三，是否有外债、借款或其他非正规金融逾期（X_4）并没有显著影响种粮大户的贷款缺口和贷款获取，这与实际情况也是比较相符的，在调研中可以发现，外债额度高的农业经营主体一般以农民专业合作社居多，由于种植规模偏大、风险偏高，负债的可能性也大，对于种粮大户来说，还是以一家一户经营为主，很多种粮大户的外债额度不高，处于临时性资金需求种粮大户向亲友举债的情况居多，出于"面子"成本的约束，种粮大户基本也都会完成外债的履约，因此，该变量不影响种粮大户贷款的缺口。第四，种粮大户的本村信用环境（X_2）也在 5％水平上通过了显著性检验，证明种粮大户所在村的信用环境较好，种粮大户的贷款缺口越小。该指标的显著充分证明无论是从种粮大户个体层面来看，还是从种粮大户生活的农村地区来分析，信用指标都比较重要，到了贷款满足度的环节，银行就会进一步对贷款样本的所处环境进行考量，优秀的信用环境能使贷款违约率降低，促进人们自觉形成还款意识，进而促进贷款偿付，降低贷款的违约风险，缩小获贷的缺口。

第七章
种粮大户贷款获取结果评价

第一节　基于种粮大户满意度的贷款获取结果评价

一、贷款满意度"源理论-顾客满意度指数模型"作用机制阐述

对贷款满意度的理论体系进行架构，首先要对研究满意度的经典理论模型进行梳理。模型的构建是进行研究的第一步也是关键的一步。目前，学界常用的研究顾客满意度的模型有卡诺模型、四方图模型、顾客满意度指数模型等。本部分会对经典的顾客满意度指数模型和变量间作用机制进行简单介绍。

第一，瑞典顾客满意度指数模型，也称为 SCSB 模型，是最早建立的全国性顾客满意度指数模型。其中，顾客价值感知、顾客期望、顾客抱怨、顾客满意度、顾客忠诚为 5 个隐变量，模型中包含多对变量间的相互关联，通过一个或多个显变量间接衡量，模型和变量之间的关系如图 7-1 所示。

第二，美国顾客满意度指数模型，也称为 ACSI 模型，用来

图 7-1　瑞典顾客满意度指数模型

衡量经济产出质量，该模型是影响广度最大的一种顾客满意度指数模型。模型对 SCSB 模型进行修正，是在 SCSB 模型的基础上创建的模型，与 SCSB 相对比，该模型增加了质量感知变量，变量间的相互关系出现了一些复杂性，顾客期望、质量感知和价值感知为顾客满意度的前因变量，顾客抱怨和顾客忠诚为顾客满意度的结果变量。此外，在模型中，顾客满意度和顾客抱怨会影响顾客忠诚（图 7-2）。

第三，欧洲顾客满意度指数模型，也称为 ESCI 模型，是欧洲质量组织等

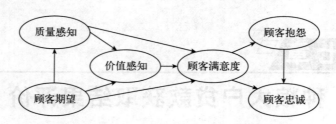

图 7 - 2　美国顾客满意度指数模型

机构架构的满意度指数模型。与美国顾客满意度指数模型相比，本模型增加了企业形象变量，删除了顾客抱怨指标。该模型一共包含了 6 项潜在变量，其中企业形象、质量感知、顾客期望、价值感知是顾客满意度的前因变量，顾客忠诚是顾客满意度的结果变量，如图 7 - 3 所示。

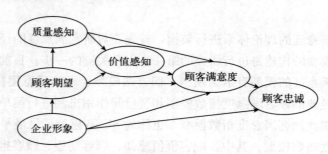

图 7 - 3　欧洲顾客满意度指数模型

第四，中国顾客满意度指数模型，也称为 CCSI 模型，是根据《国务院进一步加强产品质量工作若干问题的决定》由国家市场监督管理总局牵头与高校联合研发并构建的顾客满意度指数模型。该模型包括 6 个潜在变量，为品牌形象、质量感知、预期质量、价值感知、顾客满意度和顾客忠诚。各变量间的作用情况，如图 7 - 4 所示。

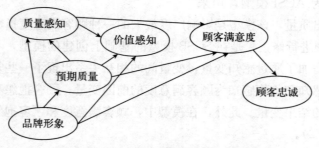

图 7 - 4　中国顾客满意度指数模型

二、指标体系的选择与研究假设

种粮大户贷款满意度测评体系的构建要遵循顾客满意度测评的相关理论，并建立具有理论深度的模型对实际情况进行匹配与解释，加之种粮大户独有的特性，不能简单套用已有的顾客满意度测评体系。在此提出以下几条构建原则：第一，要具备理论性，该测评体系要建立在理论基础上，增强其解释性；第二，测评体系要具备逻辑性，指标要全面不遗漏；第三，测评体系要具备代表性，要有针对性地构建测评体系，要符合种粮大户的自身特点，且有代表性地选择变量和指标提高准确性；第四，可操作性，测评体系最终要通过问卷的形式体现出来，所以要考虑到测评体系和问卷之间的易转换性，选中的目标因子应该具有概括、易获得、简明扼要等特点。

本部分建立的种粮大户贷款满意度模型将主要借鉴影响度最广的一种顾客满意度指数模型（ACSI）。前文中已对该模型进行了简单概述，该模型由 6 个潜在变量构成，这些潜在变量要通过一些易于观测的显变量描述出来，ACSI是用来评价顾客对所购买产品和服务满意度的一个测量体系，拥有分析方法成熟、结构清晰等优点。本书在已有理论的基础上结合种粮大户贷款的特点，创新地对模型进行建构，形成适合于种粮大户贷款满意度的评价体系。具体模型如图 7-5 所示。

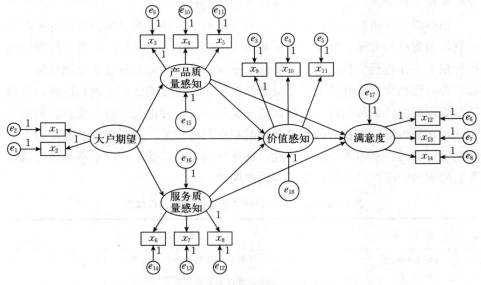

图 7-5 种粮大户贷款满意度结构方程模型

本书构建的结构方程主要涵盖以下内容：第一，将质量感知变量一分为二，分别是产品质量感知和服务质量感知；第二，创新地对种粮大户满意度题项进行扩充，加入了获贷的推介题项、融资趋向；第三，删除顾客抱怨。具体变量参见图 7-5，其中 $x_1 \sim x_{14}$ 为观测变量，具体解释见表 7-1，$e_1 \sim e_{18}$ 为误差项。

以下是模型改进的具体解释：贷款是一种特殊的产品，产品质量是重中之重。但是贷款产品又不同于一些实物产品，它具备服务性质，该产品面向的客户是种粮大户，尽管种粮大户对比小农户种植面积可观，但是经营主体的一些本质特性没有太大区别，比如说户主往往没有很高的学历，他们对金融机构的服务态度可能会有一定的要求，如要求信贷员对金融产品有通俗易懂的阐述和解释。因此，本书将传统模型中的质量感知变量分割开来。另外，还有一些研究提及对顾客的期望值的测量没有必要，仅需要对价值感知进行测度即可。具体来看，在对电视机购买满意度进行测度时，一些文献发现预期指标对顾客满意度的直接影响微乎其微，因而删除了预期变量。事实上，在调研过程中可知，种粮大户均对贷款有一定的预期，本书将预期变量保留。根据实际，种粮大户贷款的满意度影响其贷款跨期决策和对贷款的推介，因此，再次选择和推介题项也要加入评价体系中，此外，本书根据实际调研发现顾客抱怨现实意义不明显，参考已有文献和 ECSI 模型及 CCSI 模型删除顾客抱怨变量，本书构建的种粮大户贷款满意度模型也删除了抱怨变量。

根据以上分析提出研究假设：本部分选取了一些可测量的指标进行种粮大户贷款满意度的度量。所选取指标如表 7-1 所示，种粮大户正规贷款期望是指种粮大户在进行贷款之前对其质量水平和满足自身需求程度的预期期望。一般认为，种粮大户贷款的前提是对贷款进行一定程度的认知了解，进而产生对贷款较宏观的认识和期待。根据调研和实际情况，种粮大户对正规贷款期望主要体现在是否能够以相对较低且合理的利率获得贷款、所获贷款的金额是否可以满足自身的资金需求等。鉴于此，选择种粮大户接受的利率水平和预计满足资金需求的情况两个变量衡量种粮大户期望。

表 7-1　种粮大户贷款满意度的变量指标体系

潜在变量	观测变量
种粮大户期望 （F_1）	种粮大户接受的利率水平（x_1） 预计满足资金需求的情况（x_2）

（续）

潜在变量	观测变量
产品质量感知 （F_2）	还款期限合理情况（x_3） 还款方式合理情况（x_4） 资产价值评估合理情况（x_5）
服务质量感知 （F_3）	交通状况（x_6） 工作人员的服务态度（x_7） 业务办理流程评价（x_8）
价值感知 （F_4）	资金需求满足情况（x_9） 生产收益和生活水平的改善度（x_{10}） 利率水平（x_{11}）
满意度 （F_5）	总体满意度（x_{12}） 再次贷款的可能（x_{13}） 推介性可能（x_{14}）

　　种粮大户贷款产品质量感知是指种粮大户在进行贷款后对贷款的综合质量评价。金融机构对评估资产价值定义的合理性影响贷款整个过程的公正性，最终影响可获得的贷款金额，尽管种粮大户并没有掌握很多金融专业知识，但是作为贷款者往往较为关心金融机构贷款具体的运作情况。此外种粮大户还会过问还款方式和还款期限，尤其是还款期限，若还款期限不合理则资金周转不开，影响种粮大户的生产，甚至会增加贷款的回收风险，因此，本部分选择变量包括还款期限合理情况、还款方式合理情况、资产价值评估合理情况。

　　种粮大户贷款服务质量感知具体是指种粮大户在接受正规贷款服务时，对金融机构工作人员服务水平和服务态度的评价。通常公认的情况是金融机构的服务质量越高，越能切实为资金需求方考虑，科学合理地布局其营业网点覆盖范围、不断提升员工的业务能力和服务水平，简化业务办理流程和提高办事效率，以此来节约种粮大户的交易成本及潜在价值损失。鉴于此，本部分变量主要包括交通状况、工作人员的服务态度、业务办理流程评价。

　　种粮大户的价值感知是指种粮大户所能感知到的利益与获取贷款时所付出的成本进行权衡后对效用的总体评价。种粮大户选择贷款进行资金融入，大多期望用相对低的利率融入资金、降低成本、降低还款的风险。贷款的目的就是为了解决资金短缺问题，从而更好地进行生产，以提高家庭收入、提高生活水平。因此，本部分种粮大户对贷款价值的感知主要集中在资金需求满足情况、生产收益和生活水平改善度、利率水平方面。

种粮大户贷款满意度是种粮大户在进行贷款之后对所得融资产品和服务的一种总体评价和总体感知，因此，满意度是建构模型的核心变量。本书将种粮大户的再次选择变量和推介变量也归纳到核心变量中表示种粮大户对贷款产品和服务的偏好依赖，目的是使得核心变量满意度更加具有说服力，种粮大户真心将金融产品进行推介甚至继续选择该种融资服务充分体现种粮大户对贷款的满意态度，推介效应和循环选择效应越强烈，就会越满意实际的产品与服务。因此，本部分潜在变量包含了再次贷款的可能和推介性可能两个观测变量。

根据以上分析，提出研究假设。

假设1，种粮大户期望会显著影响其贷款满意度。

假设2，种粮大户产品质量感知会显著影响其贷款满意度。

假设3，种粮大户服务质量感知会显著影响其贷款满意度。

假设4，种粮大户价值感知会显著影响其贷款满意度。

三、种粮大户贷款满意度的实证分析

(一) 数据来源和样本数据的描述

本部分数据继续沿用前文的调研数据，对调研样本特征不进行过多赘述，仅进行观测变量的描述性统计分析。根据前文理论分析和阐述，本部分采用李克特量表设计问卷。量表由一组与贷款相关的问题或陈述组成，以此更好地说明被调查种粮大户对正规贷款相关问题的态度和意向评价。实际操作中采用5级量表的范式，由1~5分别表示5种备选方案，分别以很不满意、不满意、一般、满意、非常满意5种程度来进行具体表示，对调查样本进行描述性统计分析结果如表7-2所示。

表7-2 种粮大户贷款满意度调研数据的描述性统计分析

潜在变量	观测变量	属性取值	均值	标准差
种粮大户期望 (F_1)	种粮大户接受的利率水平 (x_1)	2%以下=1；2%~4%=2；4%~6%=3；6%~8%=4；8%以上=5	3.29	1.16
	预计满足资金需求的情况 (x_2)	完全不能满足=1；大部分不能满足=2；一般=3；满足=4；全能满足=5	3.26	1.09

（续）

潜在变量	观测变量	属性取值	均值	标准差
产品质量感知 (F_2)	还款期限合理情况（x_3）	非常不合理＝1；不合理＝2；一般＝3；合理＝4；非常合理＝5	3.33	1.18
	还款方式合理情况（x_4）	非常不合理＝1；不合理＝2；一般＝3；合理＝4；非常合理＝5	3.33	1.16
	资产价值评估合理情况（x_5）	非常不合理＝1；不合理＝2；一般＝3；合理＝4；非常合理＝5	3.21	1.17
服务质量感知 (F_3)	交通状况（x_6）	非常不便利＝1；不便利＝2；一般＝3；便利＝4；非常便利＝5	3.72	1.12
	工作人员的服务态度（x_7）	非常不满意＝1；不满意＝2；一般＝3；满意＝4；非常满意＝5	3.63	1.15
	业务办理流程评价（x_8）	非常不满意＝1；不满意＝2；一般＝3；满意＝4；非常满意＝5	3.64	1.18
价值感知 (F_4)	资金需求满足情况（x_9）	完全不能满足＝1；大部分不能满足＝2；一般＝3；满足＝4；全能满足＝5	3.15	0.99
	生产收益和生活水平的改善度（x_{10}）	完全没有帮助＝1；帮助不太大＝2；一般＝3；有部分帮助＝4；十分有帮助＝5	3.11	1.03
	利率水平（x_{11}）	非常高＝1；有点高＝2；一般＝3；有点低＝4；非常低＝5	3.16	1.04
满意度 (F_5)	总体满意度（x_{12}）	非常不满意＝1；不满意＝2；一般＝3；满意＝4；非常满意＝5	3.42	1.09
	再次贷款的可能（x_{13}）	非常不愿意＝1；不愿意＝2；一般＝3；愿意＝4；非常愿意＝5	3.30	1.12
	推介性可能（x_{14}）	非常不愿意＝1；不愿意＝2；一般＝3；愿意＝4；非常愿意＝5	3.46	1.17

注：由 SPSS 软件输出结果整理而得。

（二）结构方程模型

结构方程模型简称 SEM，也称为协方差结构模型，是一种重要的多变量分析工具，该模型基于特征变量的协方差矩阵，进而分析特征与特征之间的关系。结构方程模型被广泛运用在当代行为以及社会科学领域，是一种重要的量化研究统计法，融合了"因素分析"与"回归分析"的统计技术，对于各个类型的因果模型都可以进行模型辨识、估计与验证。学者们曾把该模型总结为两类变量、两个模型、两种路径(简称"三个二"),具体展开来看,两类变量是指显变量和潜变量,两个模型是指测量模型和结构模型,两种路径指潜变量与显变量之间的路径、潜变量之间的路径。

在许多社会科学、心理学、管理学乃至经济金融学的研究过程中,不难发现很多研究囊括了无法观测的变量,用户满意度就符合该类问题的研究,传统的统计方法在研究此类问题上存在制约,此时,结构方程模型应运而生,在方法上填补了过去研究的空白。结构方程模型可以同时处理多个因变量,也就是内生变量。在结构方程模型的运算中,会充分考虑其他因子的存在与否,实质上就是考虑各因子内的结构会兼顾其他同时存在的变量而进行"跟随、调整以及变化",从而不仅因子间关系会发生变化,因子内部的结构也会灵活地发生变化。

本部分简要介绍一些基本概念。第一,对显变量进行简述。显变量又称为可测量变量或者称为观察变量,是量表或问卷等测量工具所得的数据,同时可被直接观察、测量获得。在结构方程模型中,通常以长方形表示。第二,对潜变量进行简述。潜变量顾名思义,即无法观察的变量,是显变量之间所形成的特质或抽象概念,由于其无法测量,要由观测变量测得的数据资料进行反馈。在结构方程模型中,通常以椭圆形表示。第三,对内生变量进行简述。内生变量又称因变量。第四,对外生变量进行简述。外生变量又称自变量。第五,对残差变量进行简述。在结构方程模型中,残差囊括了内因潜变量无法被模型中外因潜变量解释的变异量,显变量无法被其潜变量解释的变异部分以及外因潜变量的测量误差三大部分。

实际上,结构方程模型由测量模型与结构模型构成。测量模型是潜变量与显变量的组合,是一组显变量的线性函数。结构模型则描述了潜变量之间的关系。测量模型见公式7-1和公式7-2。

$$x = \Lambda_x \xi + \delta \qquad (7-1)$$
$$y = \Lambda_y \eta + \varepsilon \qquad (7-2)$$

其中,x 表示外生显变量组成的向量;y 表示内生显变量组成的向量;ξ 是外生潜变量组成的向量;η 内生潜变量组成的向量;Λ_x 是外生指标与外生潜变量之间的关系,是外生指标在外生潜变量上的因子负荷矩阵;Λ_y 是内生指标与内生潜变量之间的关系,是内生指标在内生潜变量上的因子负荷矩阵;δ 是外生显变量 x 的误差项;ε 是内生显变量 y 的误差项。

结构模型见公式 7 - 3。

$$\eta = B\eta + \Gamma\xi + \zeta \qquad (7-3)$$

式中，η 表示内生潜变量；B 表示内生潜变量之间的关系；ξ 表示外生潜变量；Γ 表示外生潜变量对内生潜变量的影响；ζ 表示结构方程残差。由上述的两组方程（公式 7 - 1 和公式 7 - 2），加上一些模型的设定，再通过迭代求解过程，就能计算出结构方程模型中的各个参数。由于潜变量之间的关系往往是研究的重点，模型是结构模型，因此，整个分析称为结构方程模型分析。

在社会科学领域，有很多概念是无法通过直接测量观测的，对满意度的研究就符合这样的特点。如果想获取满意度研究的实际情况，只能通过间接量表或观察得到的指标数值来反应概念特质，并非直接度量可以清晰获取。此外，在统计分析中，即便是对那些可以直接测量的概念，也不能忽视误差项的干扰。进行回归分析时，自变量的测量误差会导致参数估计有偏，从而导致模型可信度下降，因子分析在一定程度上解决了以上问题，然而，因子之间的关系如何，该方法无法衡量。

鉴于此，结构方程模型的优势在研究这些问题时得以展现，该模型不仅能够同时处理潜变量及其指标，还允许自变量和因变量存在测量误差。此外，结构方程模型一般主要有 5 个阶段的解读，分别是模型构建阶段、模型识别阶段、模型拟合阶段、模型评价阶段还有模型修正阶段。在结构方程模型的分析软件中，AMOS 软件是拥有较高应用频率且较为适合的工具，软件具备界面操作简单且完全可视化的特点，故本书选用 AMOS 21.0 软件来进行决策分析。

（三）信度和效度分析及结构方程模型构建

1. 信度分析

对量表收集结果的前后一致性水平进行测度是模型信度分析的实质，本书的信度分析主要采用克隆巴赫系数（Cronbach's Alpha）进行分析，根据相关文献，一般克隆巴赫系数符合大于 0.7 的标准就可以表示量表的信度符合标准，体现其内部一致性处于较高的水平，可以进一步进行分析。若克隆巴赫系数小于 0.7 则需要对问卷进行调整，如增加样本量。本部分使用 SPSS 21.0 对各维度的信度系数、CITC 值以及项已删除后的信度系数进行计算，以期确定每个潜变量实证数据是否满足内部一致性的要求，如表 7 - 3 和 7 - 4 所示。

表 7 - 3　问卷的信度可靠性统计量分析

潜在变量	观测变量数（个）	克隆巴赫系数
种粮大户期望 （F_1）	2	0.888
产品质量感知 （F_2）	3	0.899
服务质量感知 （F_3）	3	0.909
价值感知 （F_4）	3	0.841
满意度 （F_5）	3	0.835

注：由 AMOS 软件输出结果整理而得。

表 7 - 4　项总计统计量分析

变量	项已删除的 刻度均值	项已删除的 刻度方差	校正的项总计 相关性	项已删除的克隆 巴赫系数
X_1	3.260	1.186	0.801	—
X_2	3.290	1.347	0.801	—
X_3	6.540	4.816	0.778	0.876
X_4	6.540	4.826	0.808	0.850
X_5	6.660	4.726	0.817	0.842
X_6	7.270	4.822	0.818	0.871
X_7	7.360	4.587	0.845	0.848
X_8	7.350	4.621	0.795	0.891
X_9	6.270	3.424	0.738	0.750
X_{10}	6.310	3.394	0.696	0.789
X_{11}	6.260	2.407	0.685	0.800
X_{12}	6.760	4.287	0.683	0.785
X_{13}	6.870	4.133	0.696	0.771
X_{14}	6.720	3.893	0.711	0.757

注：由 AMOS 软件输出结果整理而得。

维度 1 有 2 个题项，克隆巴赫系数为 0.888，符合大于 0.7 的基本标准。可见，本书采用的调查问卷具有良好的信度。除此之外，观测变量及其潜变量之间的 CITC 符合大于 0.5 的要求，这表明各个问项的潜变量设置情况较好，问卷信度良好。由于此维度只有 2 个测量题项，不适合进行删除项检验，故项已删除的克隆巴赫系数为空白。维度 2 有 3 个题项，克隆巴赫系数为 0.899，符合大于 0.7 的基本标准。可见，本书采用的调查问卷具有良好的信度。除此之外，观测变量及其潜变量之间的 CITC 符合大于 0.5 的要求，这表明各个问项的潜变量设置情况较好，问卷信度良好。

同时，通过对观测变量进行排除观测，具体作法是对每一个变量都进行一次删除处理，如果在删除之后，信度指数没有发生提高的变化，就认为该变量的测量问项具有良好的可信度。维度 3 有 3 个题项，克隆巴赫系数为 0.909，符合大于 0.7 的基本标准。可见，本书采用的调查问卷具有良好的信度。除此之外，观测变量及其潜变量之间的 CITC 符合大于 0.5 的要求，这表明各个问项的潜变量设置情况较好，问卷信度良好。同时，通过对观测变量进行排除观测，具体作法是对每一个变量都进行一次删除处理，如果在删除之后，信度指数没有发生提高的变化，就认为该变量的测量问项具有良好的可信度。维度 4 有 3 个题项，克隆巴赫系数为 0.841，符合大于 0.7 的基本标准。可见，本书采用的调查问卷具有良好的信度。除此之外，观测变量及其潜变量之间的 CITC 符合大于 0.5 的要求，这表明各个问项的潜变量设置情况较好，问卷信度良好。同时，通过对观测变量进行排除观测，具体作法是对每一个变量都进行一次删除处理，如果在删除之后，信度指数没有发生提高的变化，就认为该变量的测量问项具有良好的可信度。维度 5 有 3 个题项，克隆巴赫系数为 0.835，符合大于 0.7 的基本标准。可见，本书采用的调查问卷具有良好的信度。除此之外，观测变量及其潜变量之间的 CITC 符合大于 0.5 的要求，这表明各个问项的潜变量设置情况较好，问卷信度良好。同时，通过对观测变量进行排除观测，具体作法是对每一个变量都进行一次删除处理，如果在删除之后，信度指数没有发生提高的变化，就认为该变量的测量问项具有良好的可信度。

2. 效度分析：验证性因子分析

所谓验证性因子分析其实质上是对调查数据进行的一种统计学分析，这种方法用于检验某一个因子与对应的观测变量之间的关系是否符合研究者预先设定的理论关系。有关于该方法的理论和方法起源于瑞典，该理论的具体思想可以简述为：研究者首先将已有的理论和知识作为一种为依据，然后提出假设并进行推理，逐步构建关于一组变量之间关系的模型。本方法的研究目标在于从理论假设出发，检验理论与数据的统一性和一致性，从而很好地进行很好检验和验证。本书通过梳理顾客满意度相关文献，构建种粮大户满意度的结构方程模型路径见图7-6（图中 $x_1 \sim x_{14}$ 为观测变量，具体解释见表7-1，$e_1 \sim e_{14}$ 为误差项）。

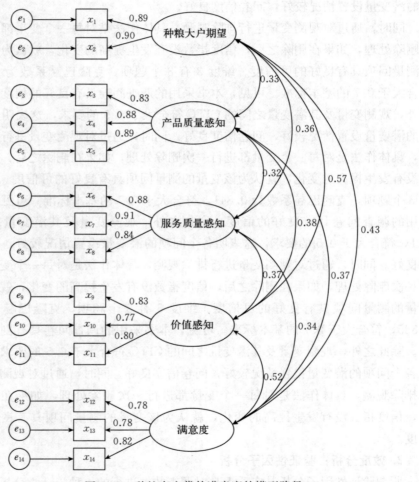

图7-6　种粮大户贷款满意度的模型路径

对模型效度进行分析，结果如表7-5所示。

表 7 - 5　整体拟合系数

CMIN/DF	RMSEA	CFI	TLI	IFI	NFI	GFI	AGFI
2.198	0.056	0.975	0.966	0.975	0.956	0.949	0.920

注：由 AMOS 软件输出结果整理而得。

在判断结构方程模型是否成立时，主要通过对一些拟合指标的测算来衡量。其中 CMIN/DF 值一般要求小于 3，本书的数据是 2.198；GFI 是适配度指数、AGFI 是调整的适配度指数、NFI 是规准适配指数、TLI 是增值适配指数、CFI 是比较适配指数，一般要求这些值均大于 0.9，由表 7 - 5 可知以上指标的数值均符合大于 0.9 的标准，表示模型适配能力较好（大于 0.8 表示模型可以接受）；RMSEA 小于 0.08 表示适配能力较好，本模型的结果为 0.056。由表 7 - 5 可知，各项指标均达标，模型拟合程度较好。

进一步分析因子载荷，每个题项的标准化因子载荷均大于 0.5，说明每个题项都可以很好地解释其所在的维度。组合信度（CR）是模型内在质量的判别准则之一，反映了每个潜变量中所有测项是否一致性地解释该潜变量。由表 7 - 6 可知，组合信度大于 0.7，说明每个潜变量中的所有测项都可以一致性地解释该潜变量。各维度的聚敛效度通过平均方差萃取量（AVE）通常被用来反映量表的聚敛效度，可以直接显示被潜在变量所解释的变异量有多少是来自测量误差，AVE 值越大，测量变量被潜在变量解释的变异量百分比越大，相对的测量误差就越小，一般取值要求在 0.5 以上。由表 7 - 6 可以看出，AVE 值均在标准值 0.5 以上，说明本书量表具有较好的聚敛效度。各维度的 AVE 值大于 0.5，且 AVE 值的平方根大于相关系数，说明量表有很好的收敛效度和区别效度。另外，事物之间存在联系但又不能直接作出因果关系的解释时，称事物间的这种关系为相关关系，本书通过 PEARSON 相关来首先分析本书中各变量之间的关系，结果显示：本书所涉及的 5 个潜变量的相关系数对应的 P 值均小于 0.01，具有显著的统计学意义，说明 5 个潜变量两两之间均具有显著的正相关性，具体情况见表 7 - 6、表 7 - 7 和表 7 - 8：

表 7 - 6　标准因子载荷

	路径		回归系数	组合信度	平均方差萃取量
X_1	←	种粮大户期望	0.890	0.890	0.801
X_2	←	种粮大户期望	0.900		

（续）

	路径		回归系数	组合信度	平均方差萃取量
X_3	←	产品质量感知	0.833		
X_4	←	产品质量感知	0.879	0.900	0.750
X_5	←	产品质量感知	0.885		
X_6	←	服务质量感知	0.877		
X_7	←	服务质量感知	0.915	0.911	0.773
X_8	←	服务质量感知	0.844	0.911	0.773
X_9	←	价值感知	0.827		
X_{10}	←	价值感知	0.775	0.843	0.641
X_{11}	←	价值感知	0.799		
X_{12}	←	满意度	0.776		
X_{13}	←	满意度	0.784	0.836	0.629
X_{14}	←	满意度	0.819		

注：由 AMOS 软件输出结果整理而得。

表 7-7　区别效度分析

	农户期望	产品质量感知	服务质量感知	价值感知	农户满意度
种粮大户期望	0.895				
产品质量感知	0.294**	0.866			
服务质量感知	0.329**	0.291**	0.879		
价值感知	0.493**	0.328**	0.321**	0.801	
满意度	0.370**	0.322**	0.311**	0.436**	0.793
AVE	0.801	0.750	0.773	0.641	0.629

注：由 AMOS 软件输出结果计算整理而得。

表 7-8　Pearson 相关性分析结果

	种粮大户期望	产品质量感知	服务质量感知	价值感知	满意度
种粮大户期望	1				
产品质量感知	0.294**	1			

（续）

	种粮大户期望	产品质量感知	服务质量感知	价值感知	满意度
服务质量感知	0.329**	0.291**	1		
价值感知	0.493**	0.328**	0.321**	1	
满意度	0.370**	0.322**	0.311**	0.436**	1

注：由 AMOS 软件输出结果计算整理而得；**表示在 0.01 水平（双侧）上显著相关。

3. 结构方程模型拟合

本书采用 AMOS 中常用的 ML 估计法，模型的拟合优度指标如表 7-9
所示。

表 7-9　整体拟合系数

CMIN/DF	RMSEA	CFI	TLI	IFI	NFI	GFI	AGFI
2.423	0.061	0.970	0.960	0.970	0.950	0.943	0.914

注：由 AMOS 软件输出结果整理而得。

在判断结构方程模型是否成立时，主要通过对一些拟合指标的测算来衡
量。其中 CMIN/DF 一般要求小于 3，该指标是 2.423；另外，GFI 是适配度
指数、AGFI 是调整的适配度指数、NFI 是规准适配指数、TLI 是增值适配指
数、CFI 是比较适配指数，一般要求这些值均大于 0.9 表示模型适配能力较
好，但是大于 0.8 表示模型可以接受，如表 7-9 所示以上指标均大于 0.9；
RMSEA 应小于 0.08 表示适配能力较好，实际该指标为 0.061。因此，模型拟
合程度较好。

四、模型结果分析

由图 7-7 和表 7-10 可知，种粮大户期望对产品质量感知的标准化路径
系数为 0.343（$t=6.106$，$P=0.000<0.05$），说明种粮大户期望对产品质量
感知有显著的正向影响作用，故假设成立；种粮大户期望对服务质量感知的标
准化路径系数为 0.373（$t=6.716$，$P=0.000<0.05$），说明种粮大户期望对
服务质量感知有显著的正向影响作用，故假设成立；产品质量感知对价值感知
的标准化路径系数为 0.175（$t=3.279$，$P=0.001<0.05$），说明产品质量感
知对价值感知有显著的正向影响作用，故假设成立；服务质量感知对价值感知
的标准化路径系数为 0.147（$t=2.735$，$P=0.016<0.05$），说明服务质量感

知对价值感知有显著的正向影响作用，故假设成立；种粮大户期望对价值感知的标准化路径系数为 0.464（$t=7.530$，$P=0.000<0.05$），说明种粮大户期望对价值感知有显著的正向影响作用，故假设成立；价值感知对满意度的标准化路径系数为 0.413（$t=6.287$，$P=0.000<0.05$），说明价值感知对满意度有显著的正向影响作用，故假设成立；产品质量感知对满意度的标准化路径系数为 0.176（$t=3.111$，$P=0.002<0.05$），说明产品质量感知对农户满意度有显著的正向影响作用，故假设成立；服务质量感知对种粮大户满意度的标准化路径系数为 0.145（$t=2.609$，$P=0.009<0.05$），说明服务质量感知对种粮大户满意度有显著的正向影响作用，故假设成立。

具体的变量如图 7-7 所示，其中 $x_1 \sim x_{14}$ 为观测变量，具体解释见表 7-1，$e_1 \sim e_{18}$ 为误差项。

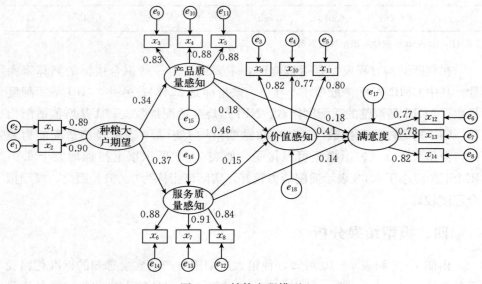

图 7-7　结构方程模型

表 7-10　标准化路径参数

	路径		回归系数	标准误	t	P
产品质量感知	←	种粮大户期望	0.343	0.056	6.106	***
服务质量感知	←	种粮大户期望	0.373	0.057	6.716	***

（续）

路径			回归系数	标准误	t	P
价值感知	←	产品质量感知	0.175	0.044	3.279	0.001
价值感知	←	服务质量感知	0.147	0.044	2.735	0.006
价值感知	←	种粮大户期望	0.464	0.051	7.530	***
满意度	←	价值感知	0.413	0.067	6.287	***
满意度	←	产品质量感知	0.176	0.048	3.111	0.002
满意度	←	服务质量感知	0.145	0.046	2.609	0.009

注：由 AMOS 软件输出结果整理而得。

　　具体分析，该结构方程模型主要包括 5 个潜在变量：种粮大户期望、产品质量感知、服务质量感知、价值感知、满意度。如表 7 - 10 所示，潜在变量间的路径系数有值得注意的情况：在诸多影响满意度的因素中，价值感知对满意度的影响最大，标准化路径系数为 0.413，这说明种粮大户通过适中的利率获得贷款可降低自身还款风险，资金需求得到满足则可有效地摆脱资金短缺无法周转的困境，进而有序生产，改善生活条件。具体来讲，资金得到满足的程度越大、生活水平改善程度越明显，则种粮大户从贷款中获利就越多，种粮大户对贷款的满意度也就会越高。而服务质量感知对种粮大户的满意度影响较低，标准化路径系数为 0.145，表明人员办理业务的态度、偏远与否以及业务的流程并没有过多影响种粮大户贷款的满意度。种粮大户的期望通过产品质量感知、服务质量感知和价值感知影响进而影响满意度。产品质量感知对种粮大户的贷款满意度有一定程度的影响。

第二节　基于种粮大户收入效应的
贷款获取结果评价

一、种粮大户贷款对其收入的影响机制

　　资金是种粮大户生产的必要资源，拓宽资金来源渠道，进行靶向性金融产品的供给能够在一定程度上缓解种植业经营主体的融资难题。本节对涉农贷款获取结果评价进行最后一部分的研究，即对农贷效益进行探究，研究正规贷款对种粮大户收入的作用效果，探讨正规贷款是否能够显著提高种粮大

户的收入水平。

有研究表明，超过 90％的正规农贷流向了生产性用途，只有 5％左右的农贷资金流向了非农消费领域。涉农贷款在生产方面的作用路径：获得正规借贷后，种粮大户等种植业经营主体购买了生产设备，进而更加科学地进行了作物种植，提高了亩均产量，进而提高了收入水平。此外，农业贷款改善了种粮大户各个家庭的盈利能力，使得收入水平自然而然出现增长的态势。另外，农贷也盘活了农村的闲置劳动力，使得农村闲置劳动力的就业水平出现上升的态势。

农贷的获取是否带动了种植业经营主体的收入水平提高，结论存在差异。一些学者认为农贷会促进种植业经营主体的收入，农贷的有效供给是惠农支农的有效途径。另外一些学者有不同的观点，这些学者认为农业贷款额度的增加，没有显著促进种植业经营主体的收入水平提高。一些文献基于农户收入分层的角度提出高收入农户通过增加经营性收入而增加总收入，对于低收入农户来说，农贷的作用正好相反，会由于消费性用途增加而促使农贷的支农作用效果降低。李志阳等（2019）提出，农贷供给对农户收入正向影响程度小于受农贷约束对农户收入负向影响程度，说明随着农贷约束程度的不断弱化，农贷约束对农户收入的负向影响效果将逐步减弱。

根据前文的研究分析，种粮大户是以一家一户为基本生产单位的种植业经营主体，其生产经营主要依靠家庭成员，种粮大户的主要收入来源于农业生产，调研情况也印证了这一点，种粮大户借入资金较少用于非农生产用途，如果用在非农领域，基本应用在教育类人力资本投资方面，该种投入为未来家庭带来收益，或者用在购车等消费层面。根据种粮大户的生产实际情况和调研情况，本部分不会过多对贷款的非农领域应用进行描述。本书将会重点对正规信贷对于种粮大户农业经营收入方面的作用进行研究。

种粮大户在生产过程中需要生产性资金，因此产生了生产性的信贷需求，本书第四章对种粮大户的借贷需求特点进行了描述，正规信贷由于在利率等方面具备优势成为了种粮大户借款的首选，获得贷款的种粮大户在生产的同时也可扩大经营规模，贷款大多投向了购买生产资料，农资等当期一次性的种植成本投入对应当期产出，生产要素的投入增加了当期的收入，而当期收入的提高会对下期的生产起到积极作用，从而提高下期的投入水准，促进农业跨期生产收入的提高。此外，一些循环使用的生产要素如农机等资产，在增加当期收入的同时也可在下期继续使用，进而持续增加收入，以上分析就解

释了贷款作用于农业生产的循环。根据以
上分析描述种粮大户贷款作用于收入的机
制，如图 7 - 8 所示。

二、变量选择与研究假设

很多文献将显著影响种植业经营主体收
益的因素分为三大类：贷款额度、资产量、
户主的禀赋特征。具体来看：马嘉鸿等
（2016）分析抵押贷款对农户收入的影响，选
择的自变量有耕地面积、务农劳动力、农地
抵押贷款的额度、户主年龄、文化程度、生

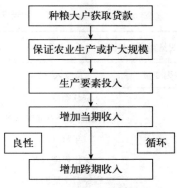

图 7 - 8　种粮大户贷款作用于
收入的机制

产性固定资产等。也有学者选择人均土地面积、人均生产性固定资产、实际借
贷额度等变量衡量贷款对农户收入水平的影响。张欣等（2017）提出家庭负担
比（非农劳动力数量占家庭人口数的比例）可能影响农户整体的收入水平。张
珩等（2018）提出对因变量收入进行分层，具体分为家庭总收入、农业和非农
收入，自变量除了上述提及的因素外，还提出农户人际关系变量也可能影响
其收入水平。马橙等（2020）以林权抵押贷款研究为例，探究其贷款收入效
应，提出林权抵押贷款对农户收入的作用机制在结构异质性的角度下可分为
以下两部分进行研究：第一，贷款获取金额的探索；第二，资源配置效率的
探索。在贷款对农户收入的影响模型中，因变量依旧可进行分层，自变量分
为核心自变量——贷款是否获取，其他自变量为户主自身禀赋情况、资产类
变量等。

综上所述，本书根据文献梳理和实际情况，选择以下变量进行研究分析，
具体变量的选择与定义情况见表 7 - 11、表 7 - 12。

表 7 - 11　种粮大户贷款对收入影响模型的变量选择

变量类别	影响因素
贷款获取情况	获得的贷款额度
资产情况	资产规模（除了土地之外）
禀赋特征	年龄、文化程度、户主家庭是否有雇工、家庭经营土地面积

表 7 - 12　模型变量和定义

变量类别	变量	变量定义
因变量	总收入（Y）	生产经营总收入（万元）
自变量	贷款额度（X_1）	获贷总数（万元）
	户主家庭是否有雇工（X_2）	是＝1；否＝0
	年龄（X_3）	种粮大户户主年龄
	文化程度（X_4）	小学＝1；初中＝2；高中＝3；大专及以上＝4
	家庭经营土地面积（X_5）	种植面积（亩）
	资产规模（X_6）	除了土地之外固定资产等（万元）

　　根据上文的分析，种粮大户的生产需要资金，在自有资金不足的前提下，贷款资金的补充会对其生产起到促进作用。种粮大户在向金融机构申请贷款后，获得的资金会作用于其生产的全过程，且贷款资金主要用于生产资料的购入，生产资料的投入保证其生产有序进行，进而提高其收入水平。因此，提出假设1，贷款额度显著正向影响种粮大户的收入。

　　具体来看，种粮大户的生产经营主要依靠土地资源，一家一户的劳动力或者雇工的劳动作用于土地才能获得收益，因此，土地资源是必不可少的。此外，种粮大户从事规模化经营，土地要素的投入能够体现其经营状况。因此，提出假设2，家庭经营土地面积显著正向影响种粮大户的收入。

　　农业生产离不开资产投入，总的资产投入能够体现种粮大户的自身实力，投入越高，收益水平也可能越高。前文中已经分析了固定资产等可循环生产要素会持续对农业生产起促进作用，此处不再进行赘述。因此，提出假设3，资产规模（除了土地之外）显著正向影响种粮大户的收入。

三、种粮大户贷款获取结果对收入影响的实证分析

（一）种粮大户对收入影响的模型设定

　　本书研究种粮大户贷款与收入之间的关系，拟构建多元线性回归模型进行本部分的分析讨论。本书运用的是 r3.6.3 版本 Rstudio 统计软件。本书因变量为总收入，选取贷款额度户主家庭是否雇工、年龄、文化程度、家庭经营土地面积、资产规模等因素作为自变量，由于各变量之间的数量级差异比较大，因此，建立如下方程公式（7-4）。

$$\ln Y = \beta_0 + \beta_1 \ln X_1 + \beta_2 \ln X_2 + \beta_3 \ln X_3 + \beta_4 \ln X_4 + \beta_5 \ln X_5 + \beta_6 \ln X_6 + \ln U$$

$$(7-4)$$

式中，Y 表示总收入，X_1 表示贷款额度，X_2 表示户主家庭是否有雇工，X_3 表年龄，X_4 文化程度，X_5 表示家庭经营土地面积，X_6 表示资产规模，β 是待估计参数，β_i 是未知参数；U 是随机扰动项。

对建立的模型进行多重共线性检验，运用 SPSS 23.0 软件得到的结果如表 7-13 所示。

表 7-13　模型的多重共线性检验

变量		VIF
贷款额度（X_1）		3.029
户主家庭是否有雇工（X_2）		1.092
年龄（X_3）		1.251
家庭经营土地面积（X_5）		3.394
资产规模（X_6）		1.431
文化程度（X_4）	初中	2.271
	高中	2.254
	大专及以上	1.224

注：由 SPSS 软件输出结果整理而得。

一般认为，方差膨胀因子即 VIF 值小于 5，则说明模型中变量不存在多重共线性；VIF 值大于 5 且小于 100，就说明变量存在较强的多重共线性。经过多重线性检验，模型中的变量的方差膨胀因子 VIF 的值均小于 5，说明各变量之间不存在多重共线性，可以进行多元线性回归分析。

（二）变量的描述性统计分析

通过整理调查问卷数据，对所有变量进行描述性统计。可以看出，获得贷款额度均值为 14.360 万元；户主的年龄偏大，均值为 45 岁；除土地之外，种粮大户的资产规模的均值为 34.980 万元。具体情况如表 7-14 所示。

表 7-14　变量描述性统计分析

	变量	平均值	标准差
因变量	Y	25.110	30.228

（续）

变量		平均值	标准差
自变量	X_1	14.360	8.167
	X_2	0.530	0.500
	X_3	45.240	12.040
	X_4	2.302	0.758
	X_5	179.900	65.895
	X_6	34.980	14.582

注：由 SPSS 软件输出结果整理而得。

四、模型结果与分析

运用 r3.6.3 版本 Rstudio 软件对设定的模型进行估计，获得的正规贷款对种粮大户收入的影响结果如表 7-15 所示。

表 7-15　模型结果

变量		相关系数	标准误	P	OR
贷款额度		0.209***	0.050	<0.001	1.233
户主家庭是否有雇工		0.026	0.035	0.453	1.027
年龄		0.067	0.057	0.238	1.070
文化程度 （以小学作对照）	初中	0.070	0.052	0.177	1.073
	高中	0.068	0.053	0.199	1.071
	大专及以上	0.078	0.090	0.381	1.082
家庭经营土地面积		0.755***	0.085	<0.001	2.129
资产规模		0.158***	0.051	0.002	1.172

注：由 Rstudio 软件输出结果整理而得；***表示 $P<0.01$，**表示 $P<0.05$，*表示 $P<0.1$。

根据模型回归结果，R^2 为 73.37%，德宾沃森值为 2.017，在 2.0 左右，表示整体拟合情况良好，样本之间彼此独立，不存在自相关关系。贷款额度与总收入呈现正相关关系，相关系数为 0.209，且在 1% 水平下显著，说明总收入随着贷款额度的提高而提高，与前文的假设一致，贷款额度对总收入具有正向的影响作用。具体来看，种粮大户的正规贷款多数为满足生产需要而申请，正规信贷也基本都用于购置农资、增添农业机械、更新农业设施、扩大经营规模等用途方面，这些措施都将提高农业生产效率，增加农产品产量、提高农产品质量，进而增加农业收入。在经营状况方面，家庭经营土地面积在模型中通过了显著性检验，在1％的统计水平上显著，相关系数均为正，与前文的假设一致。该结果表示，随着种粮大户经营规模扩大，规模经营优势逐步凸显，种粮大户的经营能力不断提高。此外，随着经营规模扩大，种粮大户所使用的农资产品数量呈现增长态势，提高了种粮大户在农资产品市场的议价能力和种粮大户的收入水平。资产规模在模型中通过了显著性检验，相关系数为正，与前文的假设一致，总资产变量是种粮大户除土地以外的资产总和，包括农业生产机械、农业设施等，能够直接反映种粮大户的生产投入状况，随着农业生产投入的增加，生产效率提高，收入水平也随之提高，因此，该变量也显著影响种粮大户的收入。

第八章

政 策 建 议

第一节 营造良好的信用和担保环境，
提升贷款获取概率

引导种粮大户养成良好的守信习惯。根据上文实证分析可知，信用对种粮大户贷款获取具有显著影响。随着信用体系日益完善，信用记录成为了种粮大户获贷的关键。在此背景下，种粮大户等各类种植业经营主体对信用记录越来越重视，过去看重"面子"成本，种粮大户会比较重视向亲友还贷，现阶段，在守信原则的约束下，拥有了优质的信用记录，银行借贷变得更加容易，种粮大户会更加积极地进行正规借贷偿付。实际上，仍有一部分种粮大户不去维护信用记录，甚至无记录可查，该类种粮大户的正规借贷会存在困境。营造良好的信用环境需要贷款的供需双方共同努力：第一，要加强宣传，让种粮大户了解银行贷款违约的危害性、征信体系的多用途性；第二，完善金融体系建设，信用记录可以做到便捷化查询，完成整村授信的工作，降低金融机构放贷风险难度和信息搜寻成本，在贷款中、贷款后继续考察贷款人信用状况，对贷款挪用行为进行监控，逐步完善贷款业务与征信结合的机制；第三，加强信用村建设，对信用村或征信记录优秀的种粮大户尝试信用贷款发放，或者通过采取优惠的贷款利率等方式进行资金扶持，以提高贷款的获取率。

助力完善征信和担保体系。通过前文的实证分析可知，担保（互保）因素对种粮大户贷款获取具有显著影响。征信体系和担保系统建立健全可以有效地解决种粮大户和金融机构之间信息不对称的问题，促进种粮大户贷款获取。深入推进农村信用体系建设工作助力种粮大户获得贷款，央行要按照"治痛点、通堵点、连断点"的总体思路，坚持以问题为导向，着力提升农村信用体系建设的市场价值，以"农业大数据＋金融科技"为建设方向，加快构建农村信用体系和担保体系建设新格局。数字金融是通过互联网及信息技术手段与传统金融服务业态相结合形成的新的金融服务形式，在一些省份如浙江省，数字金融与数字信贷蓬勃发展，为粮食生产提供动力。如：农商银行提供的"在线申请、在线签约、在线放款"的"小微 E 贷"等线上贷款产品，发挥银担合作优势，执行优惠担保费率，降低规模农户的经营负担，有力保障粮农生产，真正做到助农、惠农。未来数字金融服务在农贷方面还可以积极与各省农业大数据中心进行对接，发挥技术和数据优势，通过对农村生产经营过程中的土地确权信息、种植信息、补贴信息、农资经销信息、农机作业信息、物流信息、产品价格等信息进行挖掘和整合，构建一套动态立体式涉农信用评价体系和担保体系。具体到种粮大户信贷层面，要对种粮大户信用评价体系、担保体系定制化，优化种粮大户的融资环境实现对农村经济主体的精准画像，大幅度提高金融机构的贷款审批效率和风险管理水平。

不断提升辖区内金融担保机构的业务创新水平。在加速金融科技与农业大数据深度融合，一些银行已经走在前列。如建设银行在省分行技术人员的努力下开发出"智慧乡村"金融服务的平台，其中囊括了产权抵押担保贷款系统以及手机端农村金融服务系统，平台中汇集了多种农贷新品种，甚至推出专门为种粮大户等新型农业经营主体定制的"农信云贷""地押云贷"等多项贷款新模式，积极努力构建"大数据＋"的农村信用和担保体系建设模式。银行还积极倡导辖区内的金融机构行动起来，深度拓展农业大数据金融应用的广阔前景，为种粮大户提供担保服务，助力种粮大户的贷款获取。

第二节　构建完善的风险分散机制，
提升贷款偿付能力

强化种粮大户贷后风险管理与跟踪。根据调查研究和前文分析可知，对种粮大户进行贷后跟踪，可以实时地把握其贷款用途，为银行贷款的回收提供保证，对识别和控制信贷风险起到积极作用，进而为未来贷款足额回收和缩小再次贷款的缺口提供保证。可从以下几个方面控制风险、降低成本和进行贷后跟踪。首先，金融机构应加强员工风险意识，加强对已有员工的金融从业技能培训，聘用风险管理专业人员、加强信贷人员的专业知识培训，要求信贷员办理业务遵循标准化和规范化的业务流程，具备发放贷款的审慎意识，不能由于外部金融环境的高竞争性而盲目追求贷款的笔数，相关部门要提高审批效率、降低信贷操作风险、保证贷款回收额和回收率。此外，要完善信贷风险的预警系

统，如果遇到贷款操作人员由于疏忽对信用评级和授信额度未按期进行审查以及贷后用途跟踪缺位的情况，应及时触发系统进行风险预警。其次，金融机构应降低业务经营成本，充分利用网络信息化工具进行服务升级，在业务调查和运作过程中，通过与种粮大户等种植业经营主体进行合作，参考一些银行的农贷思路，如哈尔滨银行为不同规模和种植不同作物的种粮大户定制贷后监管模式和风控指标，风险评价体系的构建要科学合理，而且放贷要遵循基本程序，不能过分简化要求和手续，以免造成后期监督成本增加，在充分满足种粮大户需求的前提条件下降低经营成本，实现持续经营。最后，金融机构要强化机构内部管理，对于部分经营效率存在波动和贷后监督差的机构网点，应加强机构内部管理和经营水平，也可采取上下级网点监督和同级网点监督的模式，以保证安全性、增加自身盈利水平，防止盲目追求客户数量带来的贷后监督缺位，涉农金融机构要在充分了解贷后风险的基础上，采用科学的数据计算方式核算网点业务的覆盖程度，适度地拓展业务广度，增加针对种粮大户的贷款数额。

探索种粮大户信用贷款等新模式。根据前文实证分析的结果可知，信用因素同样对种粮大户贷款缺口具有显著影响。本部分从涉农信用贷款模式探索的角度，提出适合种粮大户的贷款新模式，该模式有利于缩小贷款的缺口、增加贷款的成功率。农村金融强调金融创新和变革，改革的目的是使得农村金融供给能更好地适应农村经济社会的发展，在提高银行自身经营能力的同时，进一步提升对农贷的支持效果。从目前金融服务的对象来看，以种粮大户为例，融入资金基本用于生产，固定资产价值不高，贷款可选择品种不多，尽管担保模式的加入帮助种粮大户增加了自身的抗风险能力，但是，种粮大户贷款的风险并非可以完全化解，一些贷款挪作他用或因过度扩大生产规模带来的损失会使得风险激增，若产生逾期，不利于整个互保小组的信誉，也为未来贷款的跨期足额获取增加不确定性。因此，现阶段银行为防范种粮大户的风险，可转换思路积极探索信用贷款的新模式，可以利用大数据的信息系统为种粮大户进行信用画像，定制多种数字化、"互联网＋"信用贷款模式。未来的金融服务主体要强调其社会责任感，结合地方经济发展规划，主动采取"有进有退，有的放矢"的方法适时推出符合种粮大户需求的特色业务，通过差异化的风险分担机制以及现代化的手段为种粮大户提供更全面、更快捷、更有价值的服务，增加其获贷满足度。

引导金融机构良性竞争。根据前文的实证分析可知，种粮大户的资产规模和收入水平显著影响贷款的缺口。银行应当注意需求者的贷款实际偿付能力，而不应该盲目进行放款竞争。农业贷款的放贷量需要在风险可控的基础上进行科学的确定，尤其在贷款发放数量上，要做到慎之又慎，偿债能力弱的客户自然获贷数量低，贷款的缺口大。活跃而富有生机的金融市场可以使得贷款业务创新成为可能，但是过度的竞争也会使金融机构降低风险意识，向一些偿付能力弱、资产规模小的客户发放贷款。因此，相关部门在支持鼓励金融机构参与到种粮大户贷款活动中的同时，要营造一种健康、良性的竞争环境，防止金融机构过度竞争。保证不同金融机构参与农村金融供给时，能够时刻保持风险意识，科学评估种粮大户的资产情况和偿债能力。金融监督机构要进行规范化的顶层设计，不能放任农村金融市场发展，要做到适度调配统一和干预，在发挥金融市场主导作用的基础上，尽最大可能地发挥市场主体的创造和积极效应，规范正规贷款供求双方主体行为，建立有效公平的信贷秩序，增加贷款足额回收可能，使得有资产偿付能力的种粮大户获得足额的贷款。

加强农业基础设施建设。根据调研可知，涉农基础设施建设是种粮大户发展的物质基础，建设高水平农业基础设施有利于种粮大户生产水平的提升，改善种粮大户的外部发展环境，增强种粮大户的抗风险能力。加强农业基础设施建设可以从以下两个方面努力。第一，财政部门要坚持对农村基础设施建设进行扶持，修建田间机耕道路，建设农田水利系统等，切实为种粮大户解决农耕难题，提供良好的生产条件。第二，各地种粮大户所拥有的土地情况不一，土地存在条块不均、肥力不均、适宜种植作物不同的情况，在调研中不难发现，中低等级的土地占有一定比例，拥有较差土地的种粮大户为了保证产量要对土地进行整理，因此需要一定的资金支持，针对有土地平整、兴建小型水利设施、修建机耕道、改善土壤肥力需求的种粮大户可采用划拨专项财政补贴等惠农政策，确保该部分种粮大户的生产，提高其抗风险能力，增加其贷款足额获取的可能。

第三节　推出"靶向性"的金融服务，提高贷款满意度

注重金融产品分类创新。根据本书分析可知，价值感知对种粮大户贷款满意度影响显著，价值感知中包含了资金需求满足情况、生产收益和生活水平改善度、利率水平。注重金融产品的分类创新，产品功能紧贴种粮大户生产需求会对种粮大户的生产生活起到改善作用，进而提高种粮大户贷款的满意度。根据种粮大户的生产实际可以探索差异化的贷款利率品种，供种粮大户选择。农村正规金融机构在服务不同类别的新型农业经营主体时应该采取不同的策略。

首先，注重农村金融产品的创新非常重要，农村信用合作社作为涉农贷款的"中坚力量"，其贷款业务设计应该考虑不同涉农经营主体的实际情况，针对种粮大户信贷需求的特点，探索创新贷款模式，也可对现有的贷款品种适度创新，开发的新品种需与种粮大户的贷款需求相匹配，例如积极探索互联网信用贷款、对互保贷款进行改进等。以黑龙江省农村信用合作社为例，2021 年开展的"互联网信用贷款"在线上信用贷款的基础上融合了互保贷款的特点。其次，可以延长担保链条，参考哈尔滨银行鸡西分行银企合作贷款模式，将"种粮大户"和涉农龙头企业（销售、加工等）连接在一起，从产业链和项目合作的角度找到贷款突破口以寻找出路。最后，要改进信贷服务，与农村长远发展和农民致富奔小康的目标结合起来，与农业产业化经营、农村经济结构调整结合起来，要让信贷资金流向促进种粮大户增收的方向。要借助新型农业经营主体信息直报系统，通过主体直连、信息直报、服务直通、共享共用，为种粮大户全方位、点对点对接信贷、保险、培训、生产作业、产品营销五大服务，向金融服务机构推送种粮大户的信贷需求信息，实现政府动态精准掌控农业生产经营，在线直接监管政策落实情况，推动农业管理理念和治理方式的重大创新，提高种粮大户的贷款满意度。

评估种粮大户经营规模，保持适度放贷额度。根据前文的研究可知，种粮大户的贷款需求满足情况会影响其贷款的满意度。实际上，种粮大户的贷款不一定能达到完全满足。一些种粮大户存在生产决策误区，认为只要多生产就会多收益。然而，从实际情况来看，过大的经营规模也会造成贷款需求主体获贷难的情况，很多金融机构出现了对种粮大户等大规模经营主体惜贷的现象。对于金融机构而言，过大的种植面积意味着较高的风险，适度规模经营的土地更容易进行流转、更具有市场价值，作为抵押物也相对更容易变现。由此可知，要让种粮大户树立适度规模经营的观念，告知种粮大户不是种植面积越大对应的获益就越大，贷款获得量也不一定越高。金融机构放贷支持种粮大户进行适度规模经营，根据种粮大户的生产实际情况，在适当的情况下收紧贷款额度，让每笔农贷资金从申请到发放都在合理的范围内，增加种粮大户贷款使用效率和满足情况，提高种粮大户贷款的满意度。

第四节　强化借贷双方规范运营，提高收入水平

规范金融机构放贷秩序，保证种粮大户贷款充足有序。金融机构应该有效切实根据种粮大户的资金需求特点进行规范放贷，保证金融秩序的稳定和金融

供给工作的有效性。根据本书的研究结论，贷款额度会正向影响种粮大户的收入情况。在涉农金融机构的日常工作中，涉农贷款的发放是其工作的重点。涉农金融机构的业务网点要有所保证，适当地增加金融机构的营业网点分布以满足偏远地区种粮大户的资金需求，保证资金的覆盖广度。涉农金融机构要重视服务"三农"工作，实施差异化的贷后风险管理措施，靶向性地根据种粮大户特征进行服务供给。放贷不能一味求快、求多，在稳定有序的金融市场中，积极创新金融产品，深入了解种粮大户需求特征，尽量对种粮大户的信息进行全面地采集分析，以便对符合条件的种粮大户发放足额的金融产品满足其生产需求。银行可以进一步增加金融设施建设，增加 ATM 机、POS 机等机器设备投放，保证种粮大户日常资金需求，增加种粮大户贷款的可及性。此外，银行等涉农金融机构要加强技术创新，保证金融供给的科学性，引导种粮大户转变思想，参与到更加便捷、成本更低的线上金融服务中来。

推动适度规模化经营，有效投入生产资料。由前文可知经营规模正向影响种粮大户的收入水平。地方政府、村委会可以引导种粮大户规范化和科学化地进行生产活动，引导种粮大户根据所处地区实际情况结合涉农政策科学、合理、适度、稳步地扩大生产面积，科学地进行农业生产资料的投入。在农业机械使用的方面，在农机购置补贴等国家农机发展政策的支持下，充分利用市场化力量、信息化手段，创新农机服务形式，保证种粮大户盈利，充分发挥农业机械化优势，为种粮大户适度规模经营提供保障。

加强职业技术培训，培育专业的决策人。种粮大户是规模化的经营主体，其决策者需要拥有扎实的农业生产经验和技术水平。根据调研可知，种粮大户的生产经营经验往往通过生产实践日积月累得来，具有丰富生产经验的种粮大户往往会获得较高的收入，该结果的产生更多的是由于农业生产经营的决策者具备一定的农业生产知识。结合现阶段的政策来看，培养新型职业化的种粮大户非常重要。各地的涉农院校和职业技术院校可以组织种粮大户开展生产技术培训，培养一批懂农业技术和经济管理的种粮大户（生产决策者），为种粮大户向技能型发展和增加收入提供可能。

第九章

结 论 与 展 望

第一节 结 论

本书基于信息不对称、信贷风险与担保理论、交易成本理论、农户借贷行为等相关理论，以及心理学中"动机—行为—结果"的理论框架对种粮大户围绕贷款获取问题进行研究，结论如下。

第一，申贷行为是种粮大户参与正规贷款的重要一环。根据心理学中相关理论，作为行为主体种粮大户参与借贷活动必须经过贷款的申请环节，该环节直接影响了贷款获取结果，因此，申贷"动机"是必须的内驱动力。

第二，本书认为对种粮大户贷款获取结果的研究需要一个"过程"。本书基于已有研究逻辑，采用逻辑推演的方法结合心理学的内容围绕着贷款获取结果这一核心，构建全书的逻辑框架，需要对种粮大户贷款获取的前期过程借贷动机和申贷行为进行分析，再对贷款获取结果进行重点研究，包括对贷款获取结果分析（贷款可得性研究部分、贷款缺口研究部分）和贷款获取结果评价（贷款满意度和贷款的收入效应）。

第三，本书发现其他种植业经营主体均比种粮大户容易获取贷款，出现"逆"精英俘获的结果，并对精英俘获的内涵进行补充。尽管种粮大户在国家扶持新型农业经营主体发展、推进乡村振兴战略以及金融竞争日益激烈的大环境下，实现了种植规模化和良性发展（根据第三次全国农业普查结果可知），农村地区的贷款获取情况有所改善，但是种粮大户的正规贷款获取结果（贷款可得性研究部分）出现了"逆"精英俘获的现象。本书认为互保因素的作用可以形成以上结果。此外，结合 Tobit 模型结果可知，影响种粮大户贷款获取缺口的显著障碍因子和影响其贷款获取结果（贷款可得性研究部分）的显著障碍因子具备"异同性"。

第四，本书运用改进的顾客满意度指数模型对种粮大户贷款满意度进行评价。得到价值感知是影响种粮大户贷款满意度的关键。研究应用了管理学中的顾客满意度指数模型，改进和完善了种粮大户贷款满意度题项，构建了适用于种粮大户贷款满意度的结构方程模型作为研究工具，进行种粮大户贷款满意度路径系数分析得到对应结果。

第五，对种粮大户贷款收入效应进行分析，得到贷款额度等变量显著影响种粮大户收入水平。对种粮大户的收入效应研究反映种粮大户贷款获取结果的后续影响，属于结果分析的一部分，也是贷款获取结果评价的一部分。

第二节　展　　望

由于一些客观条件的限制本书未能进一步开展研究探索，未来的研究可从以下方面进行补充。

第一，在调研样本选择方面，本书选择黑龙江省的种粮大户进行调查研究，研究的主体具有一定的地域特性，但是也有一定的局限性，未来同样的研究内容采用多省份的调查样本可以作为未来的研究思路。

第二，对于贷款获取结果的评价，也属于贷款获取结果分析的一部分，反映贷款获取的终了和贷款获取的最终影响。本书运用满意度、收入效应进行综合评价，以期为种粮大户参与跨期贷款活动提供参考。未来研究有关贷款终了环节的评价形式是否能够进一步扩展也可作为研究探讨的方向。

主要参考文献
REFERENCES

蔡栋梁，王聪，邱黎源，2020. 信贷约束对农户消费结构优化的影响研究——基于中国家庭金融调查数据的实证分析 [J]. 农业技术经济（3）：84-96.

曹瓅，陈璇，罗剑朝，2019. 农地经营权抵押贷款对农户收入影响的实证检验 [J]. 农林经济管理学报（6）：785-794.

曹瓅，罗剑朝，2015. 农村土地承包经营权抵押贷款供给效果评估——基于农户收入差距的视角 [J]. 南京农业大学学报（社会科学版）（9）：114-122，141.

程郁，罗丹，2010. 信贷约束下中国农户信贷缺口的估计 [J]. 世界经济文汇（2）：69-80.

翟照艳，王家传，韩宏华，2005. 中国农户投融资行为的实证分析 [J]. 经济问题探索（4）：30-34.

董帮应，佘传奇，赵星，2012. 基于信息不对称视角的农户融资的博弈分析 [J]. 重庆三峡学院学报（4）：48-51.

董翀，钟真，孔祥智，2015. 农户参与价值链融资的效果研究——来自三省千余农户的证据 [J]. 经济问题（3）：85-92.

何广文，何婧，郭沛，2018. 再议农户信贷需求及其信贷可得性 [J]. 农业经济问题（2）：38-49.

黄宗智，2000. 华北的小农经济与社会变迁 [M]. 北京：中华书局.

金发奇，陈中青，2014. 基于演化博弈视角下的农户信贷融资分析 [J]. 农业经济与管理（4）42-47.

李佳臻，李明贤，2019. 农民专业合作社对农户融资可获得性的影响 [J]. 吉首大学学报（自然科学版）（9）：83-90.

李明贤，罗恬，2018. 农户融资可获得性的影响因素分析——以湖南省为例 [J]. 世界农业（2）：155-161.

李孝忠，钟永玲，张砚杰等，2017. 基于积温约束、不同品种的农业补贴政策效果差异分析 [J]. 农业技术经济（12）：47-61.

梁虎，罗剑朝，曹瓅，2018. 农地抵押贷款后农户融资满意度与忠诚性研究——基于业务模式、土地规模、收入水平及其交互作用 [J]. 西安财经学院学报（5）：61-68.

刘辉煌，吴伟，2015. 基于双栏模型的我国农户贷款可得性及其影响因素分析 [J]. 经济经纬，32（2）：37-42.

刘追，池国栋，2019. 员工志愿行为的过程机理研究——基于"动机—行为—结果"动态性视角的案例研究 [J]. 中国人力资源开发，36（1）：138-151.

罗剑朝，王磊玲，2012. 农户融资绩效区域差异分析——基于1995—2009年面板数据的实证研究 [J]. 北京理工大学学报（社会科学版）（4）：15-21.

罗正英，2005. 我国中小企业信贷融资可获性特征研究——基于苏州地区中小企业财务负责人的观点 [J]. 上海经济研究（3）：33-42.

马九杰，董琦，2004. 中小企业信贷约束的成因与衡量：理论背景及分析框架 [J]. 中国软科学（3）：59-68.

马微，陈希敏，2014. 贷款可得性分解视角的农户借贷行为研究——基于西部11省1291户农户的调研数据 [J]. 未来与发展，37（4）：81-86.

纳克斯，1966. 不发达国家的资本形成问题 [M]. 北京：商务印书馆.

钱龙，张桥云，2018. 构建政府担保机制解决农民融资困难——基于信息不对称的视角 [J]. 中国软科学（12）：46-53，85.

孙继国，孙茂林，2020. 金融服务乡村振兴的系统动力学仿真研究 [J]. 经济与管理评论，36（2）：104-112.

孙淑芬，2011. 解决农户融资难的博弈论分析 [J]. 中国农村金融（5）：46-48.

田国强，2005. 现代经济学的基本分析框架与研究方法 [J]. 经济研究（2）：113-125.

温涛，朱炯，王小华，2016. 中国农贷的"精英俘获"机制：贫困县与非贫困县的分层比较 [J]. 经济研究，51（2）：111-125.

武丽娟，徐璋勇，2016. 支农贷款影响农户收入增长的路径分析——基于2126户调研的微观数据 [J]. 西北农林科技大学学报（社会科学版）（6）：94-104.

熊学萍，阮红新，汪晓银，2007. 农户金融行为与融资需求的实证分析——基于湖北省天门市198个样本农户的调查 [J]. 农业技术经济（4）：85-94.

易小兰，2012. 农户正规借贷需求及其正规贷款可获性的影响因素分析 [J]. 中国农村经济（2）：56-63，85.

张珩，罗剑朝，王磊玲，2018. 农地经营权抵押贷款对农户收入的影响及模式差异：实证与解释 [J]. 中国农村经济（9）：79-93.

赵金国，岳书铭，2018. 农户生产性融资能力及其影响因素研究 [J]. 中国农业资源与区划（2）：169-175.

赵岩青，王玮，何广文，2017. 信用激励机制在小额信贷中的有效性研究 [J]. 金融与经济（12）：47-52.

周月书，俞靖，2018. 规模农户产业链融资对生产效率的影响研究 [J]. 农业技术经济（4）

65 - 79.

邹伟,徐博,王子坤,2017. 农户分化对宅基地使用权抵押融资意愿的影响——基于江苏省1 532个样本数据 [J]. 农村经济 (8):33 - 39.

祖亚楠,辛立秋,2016. 黑龙江省种养种粮大户融资问题研究 [J]. 黑龙江畜牧兽医 (6):18 - 21.

Deci E L,Ryan R M,1985. Intrinsic motivation and self - Determination in human behavior [M]. New York:Plenum Press.

Heidhues F,Zeller M,2010. Credit rationing of rural households in China [J]. Agricultural Finance Review,1:37 - 54.

Chiu L J V,Khantachavana S V,Turvey C G,2014. Risk rationing and the demand for agricultural credit:a comparative investigation of Mexico and China [J]. Agricultural finance review,10:108.